DIE WEISSE REIHE   8
Beiträge zu Fragen der Lebensführung und Seelsorge

DIE WEISSE REIHE
Beiträge zu Fragen der Lebensführung und Seelsorge
Hrsg. Gerhard Naujokat im Auftrag des Weißen Kreuzes e. V.

Die Reihe wird fortgesetzt

Professor Dr. Joachim Illies

Schöpfung, Scham und Menschenwürde

Aktuelle Betrachtungen eines Biologen zur Sexualität
und Fortpflanzung

VERLAG WEISSES KREUZ GMBH KASSEL

Verlag Weißes Kreuz GmbH Kassel
1. Auflage 1977
2. Auflage 1980

Deutschland: D 3500 Kassel-Harleshausen, Am Rain 1
Schweiz: CH 5724 Dürrenäsch, Lindhübelstraße 45
© by Verlag Weißes Kreuz GmbH Kassel
Graphik: Heimann, Kassel
Druck: Boxan, Kassel
Printed in Germany
ISBN 3 87893 012 7

INHALT

Wenn der Homo faber
dem Rausch des Sieges über die Natur verfällt,
statt von ihr zu lernen,
wird sie ihn mit Krankheit und Verwahrlosung seiner
Nachkommen schlagen.
Und dann werden gesündere oder klügere Völker
sein Erbe anzutreten haben.

Christa Meves

Bedrohte Zukunft — oder Leben nach Wunsch?
Ein Vorwort

Unsere Zeit ist aus den Fugen geraten; die Alten verstehen die Welt nicht mehr, ohne sie ändern zu können, die Jungen aber wollen sie verändern, ohne sie zu verstehen. Der Griff nach den Sternen, der eine neue Freiheit vom Himmel herabholen sollte, begnügt sich mit dem Feigenblatt, hinter dem der Mensch bisher verbarg, was ihm an sich selbst ein Rätsel war, ein Mysterium, ein Schlüssel und ein Tor zum Leben, zu dem doch zugleich die Scham wie ein Wächter den Zugang verwehrte. Eine Aufklärung, die intellektuelle Information an die Stelle von existentieller Bewältigung setzt und technische Belehrung an die Stelle menschlicher Reife, verändert mit dem grellen Licht ihrer Fakten kaum einen Bereich unseres Lebens so sehr wie den der Sexualität. Sie zerrt viele Inhalte, die bisher im personalen Bereich geschützt waren, zur Unzeit aus dem Dämmern schamvoller Verhüllung, setzt sie der blendenden Helle eines Verstandes aus, der ihnen oft genug nicht gewachsen ist, und macht damit zugleich notwendigerweise an anderen Stellen die Schatten schärfer und dunkler.

Längst ist die Aufklärung zu einem Aufbruch in neue, selbstverschuldete Unmündigkeit geworden. Sie verarmt, wo sie bereichern wollte, sie befreit eine Menschheit von der Scham, die als Fesselung eines allgemeinen Rechts auf Lust verstanden wird, und legt doch die so Befreiten nur an die neue, stärkere Kette einer Verpflichtung zur Lust. Die Kraft der Liebe läßt in dem Maße nach, in dem sie in einer Inflation aller Werte als Recht und Anspruch auf Befriedigung mißverstanden wird. Denn es gilt auch für diese Befriedigung, was für alles Suchen und Gewähren von Frieden gilt: er kann nur entstehen als Ruhen in der Ordnung. Wir müssen nicht nur den Gesetzen unseres Leibes, sondern auch den Ordnungsmustern unserer Seele gehorsam sein, damit Liebe nicht zu Sex entartet. Was sich beim Tier als Geschlechtliches in unschuldiger Kreatürlichkeit vollzieht, kann bei uns herabsinken zu niederem Niveau, in dem die Schuld beginnt, „tierischer als jedes Tier zu sein". Kreatürliche Sexualität kann bei uns aber Einstieg werden in die Bereiche echter Menschlichkeit, wenn sie der Weg bleibt, auf dem der einzelne in Gehorsam gegenüber der Natur und durch sie hindurch in den „übernatürlichen" Bereich findet, in dem Liebe wirklich den Partner meint, nicht sich selbst sucht, sondern mit ihm zusammen die Befreiung zu höheren Zielen. Hier ist der Ort, wo die Scham fällt, hier wird auch erfahren, daß sie mehr als eine Hülle hat. Die Schöpfungsordnung schützt einen kostbaren Bezirk unserer Seele vor unzeitigem Zugriff — und wem in diesem Bild zuviel an alter Moral, an menschenfeindlicher Unterdrückung und an Sündenfall enthalten ist, der mag sich erinnern, daß Bert Brecht einmal sagte: „ich schäme mich" sei vielleicht der einzige Satz, der unter allen Umständen freundlich, menschlich und gut klingt.

Sexualität zielt auf andere und ist doch immer zugleich auch Umgang mit sich selbst; ihre Dimension ist die Gegenwart, der Augenblick. Fortpflanzung aber, biologisch so eng mit ihr verbunden, reicht in die Zukunft und wirkt so in einer Richtung, in der wir zur Ursache und zum Schicksal anderer werden.

Es ist höchste Zeit, mitten in einer verunsicherten Welt, die ihre Kraft für die Gegenwart aus vagen Hoffnungen auf die Zukunft bezieht, nach den Grenzen und Ordnungen zu fragen, die für uns immer gültig sind oder doch so lange, wie wir Menschen bleiben. Es ist immer unzeitgemäß, einem rollenden Rad in die Speichen zu greifen. Aber wenn dieses Rad auf schiefer Ebene abwärts rollt, ist solcher Griff zugleich doch das einzig wirklich Zeitgemäße.

Die Technik, vor allem auch die Biotechnik, hat unsere Erde bewohnbar gemacht und unsere Gegenwart gesichert; wer wollte wohl dem menschlichen Forschergeist den dafür verdienten Siegeslorbeer nehmen? Aber es wird der Versuchung zu widerstehen sein, den Gesetzen unserer Geschöpflichkeit den Gehorsam zu versagen und Maßlosigkeit als neues Maß zu setzen. Verantwortung ist mehr als Vergnügen, und Sieg ist mehr als Scham; aber unser aller Zukunft ist bedroht von Siegern, die keine Scham kennen. Wenn wir hier nicht kräftig widerstehen, wird uns am Ende nur die Scham bleiben, die keine Sieger kennt.

Joachim Illies

Am Anfang schuf Gott Himmel und Erde.
Und er sprach: Lasset uns Menschen machen.

1. Mose, Kapitel 1 und 2

Scheinbar ist alles ganz einfach: früher glaubte man eben an Gott: Der „Schöpfer Himmels und der Erde" hatte alles erschaffen, zuletzt auch uns selbst aus Lehm und aus seinem Atem, wie es in der Bibel zu lesen ist. Dann aber kam die Naturwissenschaft und bewies, daß in Wirklichkeit alles ganz anders war: Die Welt entstand aus wirbelnden Energieblitzen und Materiewolken und auch der Mensch wurde nicht aus Lehm geknetet, sondern stieg als ehemaliger Affe vom Baum, weil zufällige Mutationen in seinem Erbgefüge es so wollten. Und damit — so sagt man — ist der alte Glaube endgültig erledigt, und wir wissen nun, wie es wirklich war.

Wer einer solchen Primitivform der Aussage über das Geheimnis der Entstehung des Weltalls, der Erde, des Menschen erliegt, beweist damit aber nur den bedenklichen Zustand seiner eigenen geistigen Entwicklung und sagt nichts über die Wirklichkeit der Welt aus. Wir stehen vor dem Bildungsnotstand unserer Zeit, in der sich solche primitiven Modelle ausbreiten können, obwohl ihnen kein vernünftiger Theologe und auch kein vernünftiger Naturwissenschaftler zustimmen kann. Wer den Gegensatz von Wissen und Glauben beschwört — und dazu gar noch behauptet, das eine hätte den anderen inzwischen abgelöst —, der hat weder begriffen, was Glauben eigentlich ist, noch kennt er die Tiefen und den unsicheren Grund aller Naturwissenschaft.

Unsere Religion und ihr Wissen um die Schöpfung und den Schöpfer gehört nicht zum Alten Eisen, sondern bewahrt eine Einsicht, die in jeder Zeit, auch in unserer modernen, notwendig ist für jeden, der nach der Wahrheit fragt. Man macht es sich zu leicht mit dem Entweder-Oder; Naturwissenschaft und Glauben sind nicht einfach Gegensätze. Nicht alles in der Welt ist in Alternativen zu fassen; vieles, das uns umgibt, ist mit der groben Zange des Entweder-Oder nicht zu begreifen. Die Schöpfung ist eines der großen Themen des fragenden Menschengeistes, an dem er erlernen kann, näher an die Wahrheit heranzukommen, als es mit Entweder-Oder möglich ist. Denn dieses alternative „So-oder-So"-Denken wird leicht zu einer Schlinge, in der wir uns mit unserer Logik verfangen. Zwar ist es ein notwendiges Durchgangsstadium unseres Denkens, gehört gewissermaßen zur Grundschullogik in der Schule des Geistes, mehr aber nicht. In dieser groben Grundschullogik lebenslang steckenzubleiben, bannt uns in einen geistigen Zustand, der nicht ausreicht, die Welt wirklich zu erklären oder auch nur ahnend zu begreifen. Die Naturwissenschaft selbst übt sich heute in einem neuen Denken, das über die Alternativen hinausführt. Die Physiker sind es, die von der vorderen Front ihrer Forschung seltsame Dinge berichten. Sie sagen: wir kommen hier nicht mehr weiter mit dem Entweder-Oder-Denken. Diese Logik ergibt hier keinen Sinn mehr. So berichtet Werner Heisenberg von bestimmten mikrophysikalischen Erscheinungen im Bereich der Elektronen und Quanten, bei denen die Frage nach dem Vorher und Nachher keinen Sinn mehr hat. Entweder vorher oder nachher, — das ist doch logisch, das muß doch für jedes Ereignis zutreffen? Nein, weder vorher noch nachher (und auch nicht etwa gleichzeitig) heißt die Antwort: eigentlich „zugleich vorher und nachher"! Das kann man nicht verstehen, gewiß. Aber es ist dennoch so, sagen uns die großen Nobelpreisträger der Physik. Wir können eben nicht alles verstehen, was wir messen und feststellen; wir müssen es einfach so, wie es ist, anerkennen in seiner Gegensätzlichkeit. Heisenberg nennt dieses neue Denken das „komplementäre" und überwindet so in der Physik — also mitten im harten Kern der Naturwissenschaften — das Alternativdenken des Entweder-Oder. Da wird also eine neue Fähigkeit erforderlich, die nicht ohne Engagement möglich wird, ein Kraftakt gewissermaßen, wie auch Glauben ein Kraftakt ist, nämlich eine Tat, die ohne Einbringung und kraftvollen Einsatz unserer eigenen Person nicht möglich ist. Der feste Glaube, die Überzeugung und der persönliche Einsatz für wissenschaftliche Zusammenhänge, die man im Grunde weder verstehen noch sich gar vorstellen kann, sind Voraussetzung, um höhere Physik zu betreiben! Ich meine, daß wir diese Einsicht wie ein Geschenk entgegennehmen dürfen, es wird den Theologen von der Naturwissenschaft gemacht, die doch angeblich ihr Feind ist. Da gibt es Aussagen wie die des Atomphysikers Georg Süßmann, Ordinarius in München, der in klarer und schlichter Sprache gesagt hat: *„Daß Gott die Welt erschaffen hat, wird uns auf der ersten Seite der Bibel gesagt. Wie es dabei zugegangen ist, versuchen wir heute in der Sprache der Naturwissenschaft auszudrücken!"* Natürlich ist das nicht die durchgängige Meinung aller Physikprofessoren an deutschen Universitäten, aber es kommt hier nicht auf die Quantität an, sondern nur darauf, daß es offenbar möglich ist, einen solchen Ausspruch zu tun und zugleich fest in seinem Fach als Physiker zu stehen.

Wir wurzeln in zwei Welten zugleich, das wußten die Alten schon, und wahres Wissen wird nicht dadurch schlecht, daß es tausend Jahre alt ist. Wir sollten diesen Blick zurück wieder fertigbringen ohne allen primitiven Optimismus eines Famulus Wagner, der immer meint, „wie *wir's* am End so herrlich weit gebracht". Worte wie die des Physikers Süßmann machen uns neuen Mut, an die großen alten Weisheitsbücher der Menschheit in dem Geist heranzugehen, in dem es auch die größten Denker vor hundert und vor tausend Jahren schon getan haben, nämlich im ehrfürchtigen Staunen darüber, was menschlicher Geist über die Hintergründe der Welt, über die Herkunft der Erde und des Menschen wußte und auf eine Weise erlangte, die wir nicht nachvollziehen können.

Werfen wir also einen Blick darauf, wie die Alten in den verschiedenen Kulturen der Vergangenheit unsere Frage nach Erde und

Mensch beantwortet haben. Ich will keine vergleichende Religions-
geschichte betreiben, will auch kaum eine der alten Mythen hier
schildern, sondern nur darauf hinweisen, daß sie in bemerkenswerter
Übereinstimmung in einem Punkt eine ähnliche Aussage enthalten.
Sie alle — auch die erst in allerletzter Zeit entdeckten Sagen bisher
unbekannter Volksstämme in Neuguinea oder am Amazonas — enthalten, stets anders ausgedrückt und unendlich variiert, eine zen-
trale Botschaft. Um nur einen Mythos zu erwähnen: bei den vorso-
kratischen Griechen war es der Halbgott Prometheus, der sich bei
den Tieren Seelenteile einsammelte und sich daraus einen Menschen
kneten wollte, der nur leider nicht gelang, weil noch etwas Entschei-
dendes fehlte: erst als seine himmlische Gönnerin Athene herbeieilt,
gelingt das große Werk, denn sie haucht diesem Wechselbalg, den
Prometheus erschaffen hatte, ihren göttlichen Geist ein, und nun
wird ein Mensch daraus. Damit sind wir recht nahe der Schilderung,
die in unseren eigenen Kanon eingeflossen ist, in den jahwistischen
Schöpfungsbericht. Da ist ein Schöpfer, der aus Lehm und aus seinem
Geist (aus Adama und aus Naschama, um es einmal ganz theologisch
zu sagen) ein Wesen bildet, das ganz anders als alle sonstigen Lebewesen durch diese doppelte Abstammung von Materie und von Geist
seine Stellung in dieser Welt bezieht. Denn das ist die durchgängige
Botschaft aller Schöpfungsberichte: der Mensch ist ein Wesen, in dem
sich das Irdische, das Allvertraute, die Erde, mit dem ganz anderen
trifft, mit dem Hauch des Göttlichen. Und der Mensch ist dadurch,
daß er die paradoxe Mischung dieser beiden Wirklichkeiten ist, von
allen anderen Lebewesen unterschieden, vom Göttlichen, aber auch
von den Pflanzen und Tieren.
Natürlich bietet auch unser christlicher Schöpfungsglaube, um den es
uns hier geht, jeder Sextanerlogik ein reiches Feld, um Widersprüche
zu entdecken. Dies um so mehr, als wir fragen müssen: Was heißt
überhaupt *der* biblische Schöpfungsbericht? Beim genaueren Hin-
sehen sind zumindest drei solcher Berichte in der Bibel enthalten:
der jahwistische und der priesterschriftliche im Alten Testament

14

sowie der Prolog des Johannesevangeliums. Tausend Jahre liegen zwischen diesen drei Aussagen, jede beginnt im Urzustand, in dem nur der Logos war, und jede endet mit dem Menschen — jede der Aussagen ist also eine biblische Antwort auf unsere Frage. Stellen sie uns vor eine Alternative, fordern sie in ihrer Dreiheit das Entweder-Oder heraus? Wir wollen uns nicht sperren gegen die Sextanerlogik, die solche erste Hürde am Anfang unseres Weges vorfindet, doch muß uns klar sein: so schlau, um Widersprüche aufzufinden, sind die Menschen auch früher schon gewesen, darunter Leute, die mehr logisches Denken beherrschten als die meisten von uns. Menschen wie Leibniz, der die Infinitesimalrechnung erdachte und gewiß einen sehr hohen Intelligenzquotienten besaß, haben offensichtlich keinen Anstoß daran genommen, daß die Bibel uns vor drei verschiedene Schöpfungsberichte stellt, und daß sie sich stellenweise widersprechen.

Betrachten wir in dieser Haltung die drei Schöpfungsberichte der Bibel, dann können sich alle Widersprüche schnell auflösen. Es zeigt sich, daß jeder dieser Berichte eine bestimmte Seite des gleichen großen Urereignisses im Auge hat. Dieses Urereignis selbst kann man nicht kürzer in Worte fassen, als es Johannes tat: „Der Logos ist Fleisch geworden!" In der Priesterschrift ist dieses Urereignis in einer Weise dargestellt, die man — mit aller gebotenen Vorsicht und Zurückhaltung — im Sinne unserer Zeit die „objektive" nennen könnte. Dabei darf man allerdings nicht übersehen, daß die Tiefe des Berichts unausschöpflich und die Fülle der in ihn geflossenen menschlichen Interpretationskunst schier unendlich ist. Das sollten wir auch allen denen, die so schnell mit ihrem Urteil fertig sind, zu bedenken geben: mit wieviel Gedankenkraft und Geist seit Jahrtausenden um jedes einzelne Wort der Bibel gerungen wurde bei dem Versuch, es bis auf den Grund zu hinterfragen: Welche theologischen, philologischen, philosophischen Probleme enthält allein der erste Satz der Bibel, was heißt „bereschit", wer ist „elohim", was sind „Himmel" und „Erde"? — In ihrem objektiven Berichtstil lädt uns die Priesterschaft geradezu ein, unsere modernen naturwissenschaftlichen Erkenntnisse bestätigt zu sehen. Das von ihr berichtete Sechstage-Werk der Schöpfung enthält in der Tat die logischen Etappen der Welt- und Menschwerdung, die wir heute mit der Wissenschaft nachvollziehen.

Unsere erstaunte Frage müßte eigentlich in umgekehrter Richtung zielen, als die Kritik gewöhnlich läuft: Wie konnte denn eigentlich diesseits aller Naturwissenschaft fünfhundert Jahre vor Christi Geburt irgendein gescheiter, erweckter Seher alles das schon wissen, was wir erst seit Darwins und Haeckels Zeiten mühsam in den Griff bekamen: daß es erst die Pflanzen gab und dann die Tiere, daß sich das Leben erst im Wasser regte und dann auf dem Lande, daß der Mensch das zuletzt auftretende Lebewesen ist? Eine neue Dimension öffnet sich bei solchem Ansatz, mit dem bei aller Andacht vor der Unbegreiflichkeit von Offenbarungsaussagen der biblische Bericht einmal angegangen werden soll. Sieht die Priesterschrift gar weiter als wir?

Wie steht es dann aber mit dem jahwistischen Schöpfungsbericht, dem älteren, in dem alles andersherum verläuft? Erst entsteht da der Mensch, wird von seinem Schöpfer aus Lehm geknetet und mit göttlichem Geist versehen, dann erst entstehen die Tiere und zuletzt die Frau, seine Gefährtin. Gewiß, hier verläuft der Prozeß andersherum als in den Etappen der naturwissenschaftlichen Evolution, die von der Priesterschrift aufgezählt wurden. Aber ist diese ganz andere, jahwistische Reihenfolge der Ereignisse nicht eine durchaus adäquate Beschreibung der „subjektiven" Menschwerdung? In dieser Reihenfolge erleben wir doch selbst das Erwachen zum geistigen Bewußtsein, das wir zunächst, wenn wir geboren und in den „Garten Eden" gesetzt werden, noch nicht besitzen, sondern das uns langsam zuwächst. Was geschieht da im geheimen bis zu diesem großen Moment, wo wir beginnen, „Ich" zu uns zu sagen? Muß dabei nicht als schöpferisches Ereignis von außen — als ordnende Absicht — ein Schöpfer „ja" zu uns sagen, uns seinen Geist einhauchen und uns so zum angerufenen Wesen machen? Dieser Funke Bewußtsein zündet bei keinem Tier der Welt, aber jeder gesunde Mensch hat ihn.

Woher er kommt, darüber kann die Naturwissenschaft keinerlei Aussagen machen, und warum eigentlich sollte es dann nicht erlaubt sein, über ein starres „ich weiß es nicht" hinauszugehen im Glauben an die Verkündigung, daß dieses „Seelenfünkchen" direkt von Gott kommt?

Aber dieses Erwachen zum Ich-Bewußtsein ist nur einer von vielen Schritten der subjektiven, der persönlichen Menschwerdung. Der werdende Mensch, das Kind, findet sich vor in einer ihm bereiteten, künstlichen Umwelt, in einem „Garten", in der Geborgenheit mütterlicher Betreuung, in einem Paradies. Und das Kind beginnt, den Dingen Namen zu geben, es erhebt sie dadurch, daß es sie sieht und wahrnimmt, zu geistigen Wirklichkeiten. So aber lesen wir es beim Jahwisten von Adam, der den Tieren die Namen verleiht, „... und wie er sie nennen würde, so sollten sie heißen!" Danach erst, als die Dinge der Umwelt geistig bewältigt sind, kann es — bei jedem Menschen und so auch bei Adam — zum großen neuen Urereignis kommen, das alle anderen Begegnungen überstrahlen wird: zum Finden des Gefährten in der Liebe. Diese liebende Partnerschaft, auf die der Jahwist mit dem großen Wort vom „Ein-Fleisch-Sein" hinweist, unterscheidet ihn existentiell von allen Tieren. Von keinem von ihnen ist dergleichen gesagt: sie begatten sich irgendwo und zeugen sich fort — der Mensch aber „und sein Weib" werden ein Fleisch sein! Als letztes erkennt der Mensch im Verlauf seines Werdens, seiner Reife, „die Menschin", die von seinem Fleisch und Blut ist und der er nun anhangen wird. Erst mit dieser liebenden Gemeinschaft der Menschen ist ihre Erschaffung abgeschlossen. Diese Etappen der Selbstfindung kann jeder von uns in seinem Leben nacherleben — er kann sie auf dem Hintergrund des jahwistischen Schöpfungsberichtes als die andere, die subjektive Seite des großen Urereignisses als wahr bestätigen.

An den dritten Schöpfungsbericht, den des Johannes, kann ich nur wenige Worte wenden, weil er zu tief ist, als daß rationaler Ansatz ihm genügen könnte. Er ist wie Musik, die man hören und genießen darf, die aber der Erklärung, der Übersetzung entzogen bleibt. Aber soviel kann man doch sagen: Hier ist noch einmal die Schöpfung geschildert, aber als ethisches Ereignis: „Das Licht hat in die Finsternis geschienen, aber die Finsternis hat es nicht begriffen." Das ist der Sündenfall, der Theologe kann hier ansetzen und das Bild weiterführen, der Naturwissenschaftler ist frei, ihm zu folgen oder nicht zu folgen, denn die ethische Dimension liegt außerhalb seines eigenen Faches. Es mag hier genügen, daß sich keine Widersprüche auftun, sondern Möglichkeiten der Ergänzung.

Nicht unüberbrückbare Gegensätze, nicht eine peinliche Alternative trennen zwei Bereiche menschlicher Wirklichkeitsbewältigung, sondern unsere Chance ist es, diese scheinbaren Gegensätze in komplementärem Denken zu überwinden und so zur höheren, gemeinsamen Wahrheit zu gelangen. So darf am Ende dieser Betrachtung ein schlichtes Bekenntnis stehen; es liegt mehr Weisheit und Weltkenntnis in dem alten Bild, daß ein Schöpfer den Kosmos schuf und uns aus Materie machte, in die er eine Spur seines Geistes einhauchte, als in der Aussage einer materialistischen Naturwissenschaft, daß uns der Zufall aus dem Staub wachsen ließ.

Wenn man heute eine illustrierte Zeitschrift aufschlägt, greift man mit beiden Händen ins nackte Fleisch. Nicht nur Zigaretten und Autos, Waschmittel und Käse bietet es an, sondern auch sich selbst in zahllosen Aufklärungsserien und Minnedienst-Vorschriften. Könnte ein Mensch des vorigen Jahrhunderts eine beliebige dieser Zeitschriften durchblättern, er wäre voller Schrecken überzeugt, das krankhaft-pornographische Phantasieprodukt von Erotomanen vor sich zu haben.

Die nackte Welle umspült uns seit Jahren, ergießt sich über den einzelnen und über die ganze Familie, bietet nicht nur den Männern von jedem Blickwinkel her den obligaten Busen, sondern nimmt im Zeichen der Gleichberechtigung nun auch von der männlichen Blöße das Feigenblatt. Der Wunsch nach Moderne, nach Aufklärung und Freiheit, nach Abkehr von verstaubter Moral macht es schwer, in diesem geschäftigen Treiben der nackten Leiber den Hexentanz zu sehen, dessen bildliche Darstellung es doch in früheren Zeiten war.

Wer wollte leugnen, daß es ein rauschhaftes Gefühl nie gekannter Freiheit vermittelt, wenn alles, was früher tabu war, nun plötzlich erlaubt, empfehlenswert und modern ist? Wer brächte es fertig, seinen Kindern in voller Überzeugung mit den so offenbar überalterten Vorstellungen von Schamhaftigkeit und Moral zu kommen, wenn er doch zutiefst in sich selbst spürt, daß sich auch eine gehörige Portion Neid auf solche nie gekannten Freiheiten einschleichen will: So etwas gab es nicht zu meiner Zeit!

Na eben, das ist es ja, was uns zögern läßt, pharisäerhaft einzuschrei-

ten, und was uns zu dem heimlichen Geständnis zwingt: So hätte ich
es mir wohl auch manchmal gewünscht!

Gewiß muß Aufklärung sein, darüber sind sich alle Eltern und Erzieher einig. Aufklärung heißt Information und Abbau von Vor-
urteilen, auch das ist klar, und sie heißt weiter: Platz schaffen für
eigene reife Urteile an Stelle der auszuräumenden unreifen Vorstellungen. Aber so wenig, wie man mit dem Ruf „Freiheit muß sein"
einfach alle Gefängnisse zerschlagen und alle Mauern und Zäune
gleich mit niederreißen sollte, so wenig darf Aufklärung bedeuten,
daß man sämtliche Tabus bricht, um dann abzuwarten, ob sich eine
sexuell mündige Gesellschaft von allein einstellen wird.

Befragt man Schüler über die Aufklärungsserien der Zeitungen,
so kann man sehr vernünftige Urteile hören; viele wissen sehr wohl,
daß hier Sex und Profit ihre allemal ungute Gemeinschaft feiern.
Sie sind skeptisch und ohne Illusion gegenüber einem allzu ge-
schäftstüchtigen Aufklärungsbetrieb. Aber diese Jungen, die in die
Welt des „Oversex" hineinwachsen, zu der ihnen hier die Spielre-
geln angepriesen werden, sind ja gar nicht die eigentlichen Konsumenten. Die Erwachsenen, von denen vor allem die älteren mit Betroffenheit feststellen, wie viel sie noch nicht wußten auf dem Gebiet, das doch ihnen als Domäne vorbehalten war, studieren diese
Artikel unter der Frisierhaube oder am Schreibtisch und stillen einen
Nachholbedarf, zu dem das Bedürfnis nicht erst geweckt werden
muß. Und das gute Gefühl, sich für sich und andere aufzuklären,
kann ihnen solche Lektüre zum legitimen Vergnügen machen. Der
alte Spruch, daß Wissen Macht ist, erfährt in diesem gewaltigen Prozeß der Erwachsenenbildung eine neue, zeitgemäße Variante: Wissen ist Lust!

Die jungen Leser dagegen sind zunächst durch ihr Schamgefühl so
weitgehend gefeit gegen den Einbruch sexueller Freiheit, daß solche
Aufklärung an ihnen fast wirkungslos abprallt. Es ist erstaunlich,
wie sicher das Schamgefühl eine junge Seele zunächst vor dem bewahrt, was die Sexualaufklärung zum natürlichen Ziel und Zweck

ihres Körpers machen will. Erst wenn die stete Berieselung mit Sex dieses Schamgefühl abgetragen hat, werden sie so, wie sie als Konsumenten der Aufklärungsfilme und -bücher zu sein haben. Das dauert eine geraume Zeit, und es ist ein höchst fragwürdiger Fortschritt. Es kann, wo es absichtlich betrieben wird, Verführung sein, was aber der Verführende nur bemerkt, solange er selbst noch Schamgefühl besitzt.

Daß solche Scham ein Besitz ist, eine Schutzhülle um die verwundbare und heillosen Schäden ausgesetzte Seele des Menschen, wird selten erwähnt. Doch müßte eine echte Aufklärung auch gerade dies lehren. Dazu käme die Aufklärungspflicht darüber, was in Ländern geschieht, in denen die Sexwelle schon seit längerer Zeit beobachtet wird.

Wenn man in Skandinavien, wo massive Sexualaufklärung Schulpflichtfach ist, eines der Kinos besucht, in denen die Filme der neuen Sexwelle in einer Vollständigkeit laufen, von der die verschnittenen Exemplare unseres Imports bei aller Sensation nichts ahnen lassen, so sieht man im Publikum hauptsächlich Ausländer.

In Stockholm laufen manche dieser Filme nur in englischer Sprache, weil sie die Einheimischen offenbar weniger interessieren als die Zugereisten. Denn für die heutige Generation der aufgeklärten Schweden ist der so vollständig entmythologisierte Sex, den kein Schamgefühl mehr vor dem Abgleiten in die Routine schützt, weitgehend langweilig geworden, eine bloße körperliche Funktion, die gegen die Ausbreitung von Neurosen empfohlen wird, vielleicht in manchen Kreisen noch ein durch Partnertausch interessantes Gesellschaftsspiel.

Die frei gewordene Stelle in der seelischen Grundstruktur ist von anderen Verhaltensmustern besetzt worden. Es ist grotesk, wie sich statt des weitgehend abgebauten sexuellen Schamgefühls ein neues und künstliches gegenüber dem Alkohol eingestellt hat. Man schämt sich nicht, wenn man Sex-Parties veranstaltet, aber man schämt sich, wenn man sich beim Einkauf im staatlichen Spirituosenladen begegnet. Eltern, die in Schweden ihre unmündigen Kinder zum Schnapskauf mit der Fähre nach Dänemark schicken, werden in den Zeitungen als moralische Ungeheuer angeprangert. Aber Eltern, die ihre ebenso unmündigen Kinder zu freizügigem Geschlechtsverkehr mit Mitschülern ermuntern, sieht man als modern und aufgeschlossen an. Solche Verlagerungen der Scham auf ein Ersatzobjekt bieten den direkten Beweis dafür, daß der Besitz einer geschützten Intimsphäre offenbar ein natürliches Bedürfnis unserer Innenstruktur ist. Zu einer echten Sexualaufklärung müßte es gehören, auch solche Erkenntnisse zu verbreiten.

Die beiden jungen Liebeskünstler, die in einem Aufklärungsfilm mitwirken und nun in allen deutschen Filmtheatern dem Zuschauer in seiner dunklen Kinologe ihre nackten Leiber zu ungenierter Betrachtung anbieten, erklärten in einem Interview: „Uns ging es wie dem Paar, das wir im Film darstellen: Kolle half uns, unsere Scham zu überwinden."

Wer fragt angesichts der Welle freigesetzter Lustgefühle und abgeworfener Hemmungen noch danach, ob es denn eigentlich unbedingt und in jedem Fall ein Gewinn ist, wenn man sein Schamgefühl überwindet? Diese Scham, das wissen wir alle, ist zutiefst verwandt mit dem Gewissen, und als ein innerer Wächter warnt sie uns oder hindert uns sogar nachdrücklich, das zu tun, was wir im Grund nicht tun wollen, auch wenn es uns verlockt. Eine unbehagliche, ja unverständliche Situation, aber doch unsere tägliche Erfahrung mit uns selbst.

So schämten sich Adam und Eva, die ersten, von denen es uns berichtet ist, und sie schämten sich nicht etwa voreinander: Die Sünde hatte sie ja zu einer Schicksalsgemeinschaft gemacht, in der es solche Scham nicht mehr gab. Sie schämten sich vor Gott, vor dem Gewissen ihrer Welt, gegen das sie gehandelt hatten. Sie bekleideten sich mit einem Lendenschurz, aber es wird nicht berichtet, daß sie diese Scham je überwunden hätten. Der polnische Philosoph Kolakowski meint, dieses Feigenblatt wäre eigentlich sogar die erste Kulturtat gewesen, denn es war die erste Handlung aus Opposition zur Natur. Und dieses Feigenblatt tragen wir alle, falls nicht der Strand von Sylt uns die harmlose Freude erlaubt, uns als „nackte Affen" im sogenannten paradiesischen Zustand zu präsentieren. Wir müssen uns aber fragen, ob diese Freude an eigener und fremder Nacktheit wirklich so harmlos ist.

Das Bild ist auf den ersten Blick so überzeugend: Ablegung der falschen Scham, Rückkehr zur Natürlichkeit, froher Genuß der Sinne und paradiesischer Frieden auf der Seite der neuen Zeit — Prüderie, verlogene Sittlichkeit, Angst, Feigheit und verstaubte Moral auf der anderen. Und doch ist dieses Bild so gefährlich vereinfacht und so verführerisch falsch, als sei es geradeswegs der „Dienstanweisung für einen Unterteufel" entnommen. „Müssen wir zum zweiten Male vom Baum der Erkenntnis essen, um ins Paradies zurückzukehren?" fragte schon Kleist, und er zweifelte damit den Trend der Aufklärung an, die meint, daß Wissen und Erkennen die alleinigen Vorbedingungen von Macht und Glück seien.

Man tut so, als wenn es zur Überwindung der Scham nur einen legitimen und im Grunde doch so furchtbar einfachen Weg gäbe. Man muß das Gefühl der Schuld, das hinter jeder Scham steht, abwerfen, muß entmythologisierend verkünden: Es gibt gar keine Schuld! Das sogenannte Böse ist nur gesunder, aber durch sexuelle Unfreiheit verklemmter Aggressionstrieb, der sich in seinem Unbehagen an der Kultur einen Ausweg sucht. Leitet man diesen Trieb wieder in natürliche Bahnen, so verschwinden Beklemmungen und Ängste, Schuldgefühle und Nöte. Liebt euch gesund, heraus aus dem Muff einer bürgerlichen Moral und hinein in das freie, ungebundene Leben eines voll aufgeklärten, nachparadiesischen Zustands! So etwa lauten dann die Parolen.

Eine ruhige Besinnung muß uns klarmachen, daß eine echte Überwindung der Scham nur auf dem Wege der Überwindung der Schuld möglich sein kann. Die christliche Kirche verheißt ihren Gläubigen seit fast zwei Jahrtausenden einen Weg zur Überwindung der

Schuld! Wer zu diesen Gläubigen zählt, zeigt dies seiner Umgebung ganz untrüglich dadurch an, daß er sich nicht schämt, sich als Christ zu bekennen. Für die Mehrzahl der heutigen Menschen gehört doch ein wesentlich größerer Mut dazu, sich zur Kirche zu bekennen als zur Nacktkultur. Manche würden sich weit mehr schämen, einem Gottesdienst auch nur als Zaungast beizuwohnen, als nackt vor der Filmkamera zu posieren.

Das ist kein Wunder, denn wenn sich heute jemand seiner Nacktheit nicht schämt, dann deshalb, weil er zu wissen glaubt, daß er einen schönen Körper hat. Er sieht also keinen Grund zur Scham. Müssen wir nicht folgern, daß das übermäßige Schamgefühl unserer Zeit vor jedem religiösen Engagement der großen Unsicherheit darüber entspringt, ob die eigenen Tiefen, die man dort entblößt, nicht als häßlich empfunden werden, und zugleich der verzweifelten Kleingläubigkeit, daß man solche Häßlichkeit als unheilbar und verächtlich werten würde?

Der Abbau sexueller Scham dort, wo sie innerhalb einer Ehe als Barriere zwischen den Partnern steht, ist eine psychologische Notwendigkeit, von der jede Lebenserfahrung weiß. Wo Liebe über das Niveau einer lockeren Partnerschaft hinausreicht, wo sie zur alles bestimmenden und alles umformenden Gewalt wird, in der zwei Menschen sich, ihr Schicksal und ihren Auftrag in dem anderen erkennen und erleben, da wurde zu allen Zeiten solche Scham nicht nur überwunden, sondern vertrauensvoll abgelegt und dem anderen als kostbares Geschenk dargebracht. Was daraus erwächst, ist die Schicksalsgemeinschaft der Liebenden, die um so sicherer gegründet ist, je größer das Geschenk des Sieges über die eigene Scham war und je einmaliger und kostbarer ein solcher Sieg vom Alltagsverhalten absticht.

Schließlich kann bei einzelnen Menschen die Gewißheit, daß leibliche Unberührtheit einen kostbaren seelischen Schatz darstellt, so stark werden, daß an die Stelle der Hingabe an den Partner das Opfer der Bewahrung der Jungfräulichkeit tritt. Auch wenn die meisten von uns diesen Weg nicht gehen, so sollte doch jeder wenigstens erahnen, was solche Enthaltsamkeit meinen kann und was gar ein lebenslängliches Keuschheitsgelübde an menschlichem Wert in eine überpersönliche Partnerschaft einzubringen versucht. Wer Askese zu sexueller Verklemmung entmythologisieren würde, der träfe den Kern der Dinge nicht und erwiese sich selbst als wertblind. Schamgefühl kann Schwäche und Unsicherheit bedeuten, es kann aber auch Anstoß und Hilfe sein bei einer der stärksten, unbiologischsten und daher menschlichsten Haltungen, die wir kennen.

Eine vernünftige Sexualaufklärung sollte wohl die Unkenntnis bekämpfen, niemals aber die Scham abbauen; sie sollte das Schamgefühl vielmehr achten und in seinem enormen existentiellen Wert erkennen helfen. Das ist nicht das Gebot eines verstiegenen und idealisierenden Humanismus, sondern die klare Folge der Einsicht in biologische und psychologische Zusammenhänge. Ein Mensch ohne Schamgefühl ist ein seelischer Krüppel, der für ein menschenwürdiges Dasein weniger gerüstet sein dürfte, als er es mit ungenügenden Kenntnissen über das Sexualleben wäre. Abbau der Scham setzt die Seele schlimmerer Infektionsgefahr aus, als sich der Abbau der Immunreaktion für den Körper auswirken könnte. Was immer wir im Körper auch durch Impfung als Gesundheitsschutz aufbauen, die Einrichtung von Gefahrenherden in der Seele durch stümperhafte Sexualaufklärung ist für unsere Existenz als Mensch aus Leib und Seele bedeutend gefährlicher.

Ganz offenbar ist das aufwühlende Erlebnis der Überwindung der Sperre, die das sexuelle Schamgefühl normalerweise zwischen den Geschlechtern errichtet, auch eine der Voraussetzungen für das Zustandekommen der krisenfesten Schicksalsgemeinschaft, die es dem Menschen dann ermöglicht, seine Kinder in enger und opferbereiter Verbundenheit der Eltern großzuziehen.

Aber daß die personale Liebe, das „Band", wie Konrad Lorenz es nennt, bis in die Biologie der Menschheitswerdung hinein ihre Funktion hat, daß die permanente Liebesfähigkeit des Menschen und die

Möglichkeit, sich darin zutiefst an einen Partner zu binden, mehr ist als ein Kniff der Natur zur Erzielung von Nachkommen, das wird einer mündigen Menschheit in dem Maße klar, in dem sie den Wert biologischer Funktionen von der Würde des Menschen abzuheben und zu trennen lernt. Die Sexualität, sofern sie überhaupt Gegenstand der schulischen Aufklärung sein muß, gehört mehr in das Fach der Religion als in das der Leibesübungen. In der Biologie findet ein solcher Unterricht nur seinen vorläufigen Ort, solange es darum geht, Informationen zu vermitteln und Sachverhalte zu beschreiben. Die Deutung derartiger Tatsachen für das eigene Leben und das eigene Handeln muß durch das Feld der persönlichen Entscheidung des einzelnen schreiten; dort erhält sie ihren Wert und dort erst ergibt sich, in jedem einzelnen neu, ob der Mensch das Ebenbild Gottes oder ein nackter Affe ist.

Tabus — Last oder Reichtum?

Von Zeit zu Zeit geht eine Woge des Unbehagens durch den Blätterwald: Wenn Probleme der Geschlechtserziehung durch Veröffentlichungen und neue Aufklärungsbücher aktuell gemacht werden. Kaum jemand ist zufrieden mit einem Buch, in dem der Wunsch nach Aufklärung der Jugend und nach ihrer Befreiung von Tabus mit den Verklemmungen der Alten einen ebenso forschen wie unbefriedigenden Kompromiß eingeht. So beklagte der „Spiegel" einmal, daß „alte sexuelle Ängste und Tabus nicht abgebaut, sondern durch vorgebliche medizinische Offenheit und besonders klotzige Brutalität weiter zementiert werden". Manch einem Buch kann ein Mißerfolg als „Austreibung der Sexualität" bescheinigt werden. Anderen ist es zu viel, was geboten wird, und sie hoffen, daß Kinder nicht mit ihm vertraut gemacht werden, „bevor sie selbst stark genug sind, die Unfähigkeit der Herausgeber zu durchschauen".
Man sollte dieses allgemeine Unbehagen sehr ernst nehmen, denn die Biologie lehrt uns, daß Unbehagen ein Alarmsignal der Seele ist, so wie der Schmerz ein Alarm des Körpers. Haben unsere Aufklärer bei dem missionarischen Eifer, mit dem sie eigene und fremde Tabus abzubauen und niederzubrechen bereit sind, eigentlich zureichende biologische Kenntnisse darüber, was ein Tabu ist und welche Funktion es in unserem Leben besitzt? Ein allzu naiver Biologismus geht offenbar davon aus, daß solche Tabus — also Zonen empfindlicher Scheu und rational unzugänglicher innerer Sperren — durch Information abgebaut und entfernt werden können wie häßliche Flecken durch ein scharfes Waschmittel mit Tiefenwirkung.

Wenn hier aber die Biologie beschworen wird, dann darf sie nicht die Schwarze Kunst sein, mit der Quacksalber den Teufel austreiben, sondern muß man es ernst nehmen mit ihr. Biologie als Wissenschaft aber ist wesentlich mehr als die Lehre von der Anatomie und den Funktionen der Organe unseres Leibes. Sie hat aus Beobachtung und Experiment längst gelernt, daß dieser Leib keine Maschine ist, sondern die Ursache und zugleich die Wirkung, der Partner und zugleich das Instrument eines Gefüges von Verhaltensweisen, die man — zwar unklar und verschwommen, aber doch verständlich — zusammenfaßt unter dem Ausdruck „Seele". Was die Psychologie, ein legitimer Zweig der Biologie, durch tausendfache Beobachtung über die Tabus und ihre Funktionen zu berichten hat, muß also berücksichtigt werden, wo immer jemand an solche Tabus rühren will.

An einfachen, bildlichen Vergleichen kann man sich an ihre Funktionen herantasten. Da mag jemand keinen Fisch: Fischfleisch ist — in übertragenem Sinn — tabu für ihn, das heißt, sein Körper sperrt sich aus zunächst nicht einsichtigen Gründen und reagiert mit Abwehr auf jede Übertretung. Daß hier mit Zwang und Schock nichts getan ist, sieht man leicht ein. Aber auch ein langsames und schonendes Heranführen baut das Tabu nicht ab; vielleicht wird der Anblick eines appetitlichen Fischgerichts schließlich sogar als erfreulich empfunden, und doch bleibt die innere Sperre dagegen bestehen. Auch die medizinische Aufklärung — hier läge eine Allergie gegen ein bestimmtes Eiweiß vor — bringt nur ein neues Wort in die Debatte, versucht eine Erscheinung zu entmythologisieren, erklärt oder bewirkt aber letztlich gar nichts. Die mitmenschliche Haltung gegenüber solchen alltäglichen „Tabus" — sei es gegenüber dem Fisch-Ekel oder gegenüber dem Strick, von dem man bekanntlich im Hause des Gehenkten nicht sprechen soll — kann nur die sein, daß man sie respektiert, um sie nicht zu vertiefen. Aufheben aber (was den Vorgang besser beschreibt als Abbauen) kann dieses „Tabu" nur einer: der, in dessen Seele sich diese verdunkelte, unbewältigte Stelle befindet. Gelingt ihm selbst diese „Rationalisierung" in einem inneren Prozeß des seelischen Wachstums, so kann das „Tabu" verschwinden und sich völlig auflösen, es kann unnötig werden. Denn nötig war ein solches „Tabu" offenbar überall dort, wo wir es antreffen. Es scheint die normale Methode zu sein, mit der unsere Seele unbewältigte Fremdkörper in ihrer Substanz abkapselt, um so im ganzen heil zu bleiben und das Unbewältigte vorläufig zu bewältigen. Das Beispiel der Muschel liegt nahe, die den Fremdkörper bewältigt, indem sie ihn, wenn sie ihn nicht auflösen kann, umhüllt mit einer Schale, die sogar zur schönen Perle wachsen kann. Daß dieser Fremdkörper eigentlich nur ein Eingeweidewurm ist, mag wissenschaftlich zutreffen — der Muschel nützt solche Aufklärung so wenig, wie es ihr nützen würde, wenn man ihre Schale einschlüge, um den Wurm zu entfernen.

Auch in der Seele eines Menschen, der irgendeine Speise tabuisiert, oder vielleicht sogar das Essen insgesamt, ist irgendwo „der Wurm", wenn wir im Bilde bleiben wollen. Die Aufklärung durch Wissensfakten nützt hier nichts, denn der seelische Mangel, den ein „Tabu" signalisiert, hat nichts mit Nicht-Wissen zu tun, sondern allein mit Nicht-Können. So wird nur der Psychotherapeut hier helfen können, da er gelernt hat, die seelischen Kräfte des Patienten zu mobilisieren, so daß dieser den Fremdkörper, das Unverstandene, in sich bewältigt und assimiliert.

Unsere Beispiele zeigten Quasi-Tabus, die irgendwie „unnormal" sind, d. h. die nicht bei allen Menschen auftreten. Sie sind so unnormal wie es das Hinken ist für einen Menschen, der gesunde Beine hat; sie sind zugleich so normal, wie es das Hinken für Menschen mit kranken Beinen ist. Und hier liegt nun die große Gefahr, die aus der Sexualaufklärung oft ein stümperhaftes Herumtasten macht: Oberstes Gebot jeder solcher Aufklärung muß sein, sich stets vor Augen zu halten, daß es sich bei den Sexual-Tabus *nicht* um Unnormales, Unnatürliches handelt, nicht allenfalls um die Normalität des Hinkens eines Fußkranken, sondern um völlig normale, d. h. gesunde Bestandteile der menschlichen Seele. Wo diese Tabus bei einem

Jugendlichen fehlen, liegt ein schwerer, krankhafter seelischer Mangel vor.

Machen wir radikal ernst mit der Aufklärung und entmythologisieren nicht nur unsere Körper und Seelen, sondern die Wissenschaft selbst, die dies alles leisten soll, so kommen wir bald zu der Erkenntnis, daß bei ihrem Siegeszug stets ein „irrationaler Rest" übrigbleibt. Dieser Rest aber ist oft der eigentliche Kern der Dinge, ein so harter Kern, daß dem Nußknacker der Rationalität die Backen brechen. Hinter aller Kausalität stoßen wir auf die Widersprüchlichkeit und Unfaßbarkeit eines Mysteriums. Die Wissenschaftler wissen längst, daß das für jede Richtung gilt, die die Forschung einschlägt. Es gilt ganz besonders für unser eigenes Innere.

Zeugung, Geburt und Tod sind solche Geschehnisse, in denen uns ein Mysterium begegnet. Sie lassen sich nicht gänzlich in unsere Einsicht einordnen, sondern bleiben mit einem irrationalen Rest ein unbewältigter Fremdkörper, dem wir im Inneren mit Scheu, ja auch mit Angst und Grauen gegenüberstehen, bis wir in uns selbst die Kraft finden, ihn unserer Seele einzuverleiben. Das Licht der Wissenschaft macht da nur die Schatten größer, ohne die Scheu zu verringern. Es gehört zur seelischen Anatomie eines gesunden Menschen, daß sich um diese drei Vorgänge starke Tabus gruppieren, ganz gleich, ob es sich um einen Zeitgenossen unserer Zivilisation, um einen Angehörigen primitiver Naturvölker, um einen modern oder um einen altmodisch Erzogenen handelt. Es sind normale und gesunde Tabus, und ihre Abtragung und Auflösung — so sie überhaupt gelingt — ist weniger Sache der Erziehung durch Bilderbücher und Unterricht als das Ergebnis der eigenen Reife und des schicksalhaften Wachsens auf dem Wege zum mündigen Erwachsenen.

Man darf wohl sogar sagen, daß diese drei Tabus eigentlich das Menschliche in uns am klarsten anzeigen. Am Tier erscheint uns doch gerade die Profanität, die tabufreie Ungehemmtheit gegenüber Zeugung, Geburt und Tod als das Unmenschlichste und Wesensfremdeste. Mit dem Schamgefühl und mit Bestattungsriten beginnt doch überhaupt erst die Geschichte des Menschen. Kein Tier verhüllt seine Genitalien, keins verehrt und begräbt seine Toten. Und wenn uns heute fanatischer Aufklärungs-Biologismus den Menschen als „nackten Affen" interpretieren will, so müssen die Biologen darauf hinweisen, daß der Mensch im Gegenteil gerade das bekleidete Wesen ist, der einzige „Affe", der sogar noch im nackten Zustand seine Geschlechtsorgane in einem der wenigen ihm verbliebenen Fellreste verbirgt.

Unsere Tabus sind also nicht ein tierischer Rest, sondern die keimhafte Anlage des eigentlich Menschlichen in uns. Wir sind offenbar das einzige Lebewesen, das ein Organ zur Wahrnehmung von Jenseitigem besitzt und das so in seiner Seele mitträgt an dem Geheimnis der Tiefe dieser Welt, wenn auch zunächst wie an einem unbewältigten Fremdkörper. Wir haben zwar die Freiheit, unsere Teilhabe am Mysterium aufzukündigen und uns von solchen Tabus freizumachen, indem wir sie abbauen und zerstören. Doch hieße das, nach dem alten Vorwurf Mephistos zu leben, der ja eben dies vom Menschen behauptet, daß er seinen Verstand gebrauche „allein, nur tierischer als jedes Tier zu sein". Denn wir haben offenbar auch die Möglichkeit, diese Mysterien — und andere, größere dazu — in uns gelten zu lassen, sie in unser Leben zu integrieren, indem wir selbst uns als ganze, reife Menschen den Zutritt zu diesen Mysterien offenhalten und so, als „Freigelassene der Natur", teilhaben an der Übernatur.

Einen dieser beiden Wege muß jeder selbst und aus eigener Verantwortung gehen — zu welchem sollte eine Erziehung den Jugendlichen verhelfen? Das müssen Erzieher als erstes entscheiden, das haben sie als letztes zu verantworten. Wie es zugehen muß, wenn man die Tabus abbauen will, mag uns am Mysterium des Todes klarwerden. Aldous Huxley läßt in seiner „Schönen neuen Welt" Kinder in den Sterbezimmern der Krankenhäuser spielen. Tritt der Tod dann bei einem der euphorisch lächelnden Kranken ein, so gibt es Bonbons für die Kleinen. Damit werden Tabus frühzeitig abgebaut, und tief im Unterbewußtsein der Kinder prägt sich ein, daß der Tod etwas Natürliches und dazu im Grunde Erfreuliches ist. Der Tod ist entmythologisiert, das Aufklärungsziel erreicht. Wollen wir aber eine Welt, in der nach Albert Schweitzers Devise Ehrfurcht vor dem Leben herrscht, so werden wir die Ahnung vom Mysterium des Todes nicht aufgeben dürfen und damit nicht die Ehrfurcht vor dem Tode. Das aber heißt: die irrationale, unaufgeklärte Scheu vor dem Tode. Eine Sexualerziehung, die Jugendlichen erklärt, daß zeugende und auch zeugungsverhütende Sexualität ein ganz natürlicher Vorgang sei, wird sich selbst dadurch am schwersten strafen, daß sie letzten Endes recht behält. Durch Abbau der Tabus, in denen doch das Wissen und die Anerkennung bewahrt lag, daß Liebe und Zeugung mehr sind als nur natürliche Funktionen, macht sie aus dem Übernatürlichen das Natürliche, aus dem Wunder das Selbstverständliche. In einer Welt aber, die überhaupt nur menschenwürdig fortbestehen kann, wenn sich die Liebe in ihr mehrt, wird der rationale Rest einer solcherart entmythologisierten Liebe dazu nicht ausreichen.

Alle unsere Tabus lassen sich wegmanipulieren, das ist unbestreitbar. Es ist die lauernde Gefahr einer beinahe grenzenlosen menschlichen Freiheit, daß wir uns selbst und andere fast uneingeschränkt verbiegen und „umfunktionieren" können. So kann man also auch sexuelle Tabus durch Eingriff von außen abbauen, kann das Schamgefühl bei sich und bei anderen beseitigen. Dieser Abbau wird von tiefen Schichten unserer Seele sogar mit einer Prämie an Lust belohnt: von dieser Lust lebt die Pornographie in allen ihren Sparten. Wo diese Lust vorherrschend wird, sprechen die Psychologen von Exhibitionismus, und sie wissen genau, daß es sich dabei um ein seelisches Krankheitssymptom handelt. Noch würde man es als dummen Witz betrachten, wenn sich der Exhibitionist, der in stillen Parkanlagen Kinder und Frauen erschreckt, als Sexualaufklärer bezeichnete. Aber schon hat sich allen Ernstes in Dänemark eine Gewerkschaft der Prostituierten gebildet, die außer um Altersversorgung und Steuerbegünstigung auch um die offizielle Einführung der Berufsbezeichnung „Sexualhelferin" für ihre Mitglieder kämpft. Ist diese Forderung nicht berechtigt in einer sexuell voll entmythologisierten Welt? Wäre es nicht konsequent, den vielen Versuchen von sexueller Voll-Aufklärung der Jugendlichen nach der Theorie auch die Praxis folgen zu lassen und schließlich den erfolgten Bordellbesuch in den Reifezeugnissen zu vermerken? Nur eine so auf die Spitze getriebene Schilderung kann uns zeigen, wo die Gefahr für uns selbst und für unsere Kinder droht. Ein biologistisches Konzept, das allzu vordergründig mit Tabus nichts anderes anzufangen weiß, als sie anzugreifen und abzubauen, würde uns in ein Chaos führen, denn es läuft der Aufgabe, eine Welt menschlicher Werte aufzubauen, genau entgegen. Ein grausiges Experiment unserer Tage beweist handgreiflich, was die moderne Psychologie ohnehin weiß: In Rotchina hat man zur Umfunktionierung politischer Gefangener ein schreckliches, aber unfehlbares Rezept entwickelt, um zunächst ihre Persönlichkeit völlig abzubauen und zu zerstören. Es wird ihnen das Geschlechtliche in Wort und Tat brutal nahegebracht. Im Ansturm solcher massivsten Obzönität bricht mit dem abgebauten Schamgefühl auch das Selbstwertgefühl der Opfer völlig zusammen. Sie sind „fertig" gemacht worden und damit reif für jede neue Ideologie, die man in sie wie in leere Flaschen füllen kann.

Was aber sollen wir tun, was müssen wir vermeiden? Es läßt sich nach dem Vorangegangenen leicht sagen, wie ein Sexualunterricht für Jugendliche auszusehen hat. In seiner Mitte kann kein Atlas stehen, kein Film und kein Tonband, sondern allein die Persönlichkeit eines sittlich reifen Lehrers, der eine genaue Kenntnis der eigenen Tabus und der seiner Schüler hat und der nicht die Absicht hegt, diese abzubauen, sondern sie zu respektieren und zu schonen. So wird nicht die Anatomie der Geschlechtsorgane, sondern die komplizierte Struktur der menschlichen Seele das wesentliche Thema einer vernünftigen Sexualaufklärung sein. Nicht die körperliche, sondern die seelische Liebesfähigkeit ist das Ziel des Unterrichts. Wenn dies sichergestellt ist, dann wird die Vermittlung der notwendigen Informationen kein Problem sein. Vieles an biologischer Kenntnis über Zeugung, Geburt und Tod ist notwendig, anderes ist nicht notwendig. Warum sollten Schüler den Kinsey- oder gar den Masters-Report kennenlernen? Der Gewinn an für das eigene Leben verwertbarer Erkenntnis ist gering, der Schaden durch tabuverhärtende Schockwirkung an der eigenen Seele ist groß. Worin sollte der Aufklärungswert der filmischen Nahaufnahme einer Geburt liegen, warum muß ein vierzehnjähriger Junge wissen, wie dieses innerste Erlebnis einer Frau von außen betrachtet aussieht? Wozu überhaupt sollen Schüler lernen, Vorgänge unbeteiligt von außen zu betrachten, die doch ihren Wert und ihre Bedeutung für jeden von uns als innere Erlebnisse haben? Sollen denn unsere Volksschulen jetzt Gynäkologen ausbilden?

Unsere Zeit hat erkannt, daß ein Bildungsnotstand herrscht. Sie beginnt auch zu erkennen, daß er nicht durch Patentrezepte nach Art des Nürnberger Trichters zu beheben ist. Vor allem aber breitet sich die Erkenntnis aus, daß Bildung und Reife nicht das Ergebnis der Aufnahme von Informationen sind, sondern daß die seelische Reife die Voraussetzung dafür ist, daß Informationen überhaupt sinnvoll aufgenommen und zu Bildung verarbeitet werden können. Einem Vierzehnjährigen die Genitalorgane des anderen Geschlechts in Fotos zu präsentieren, hat kaum Informations- und gewiß keinen Bildungswert. Mit Wahrscheinlichkeit wird es zu erschwerter oder überhitzter, gewiß aber zu gestörter Liebesfähigkeit führen. Ein Mann, der sich noch als Erwachsener — und selbst durch die Roßkur einer solchen Aufklärung hindurch — die Fähigkeit zur Scheu vor dem normalerweise so streng verborgenen Intimbereich des anderen Geschlechts bewahrte, sollte den Mangel an exakter Kenntnis und nüchterner Information in Kauf nehmen für den Vorzug, durch alle Aufklärung hindurch sein Empfinden gerettet zu haben für das, was mehr ist als nur natürlich an der Liebesbegegnung. Eine gewisse medizinische Allgemeinbildung wird ihn dabei nicht hindern, in der Liebe einen Hauch des Mysteriums zu spüren, das sie eigentlich und hinter all ihrer Natürlichkeit darstellt. Dieses Empfinden kann durch radikale Aufklärung zerstört werden wie die Tabus, die es schützen und bewahren wollen. Es kann aber bei behutsamer Sexualerziehung, die den Umgang mit Tabus gelernt hat, bewahrt bleiben und mit hereingenommen werden in den inneren Raum, in dem die Schambarriere fällt, wenn zwei Menschen sich liebend „erkennen". Solches Erkennen kann kein Schulunterricht liefern, er sollte nur verantwortungsvoll darauf vorbereiten, indem er die Voraussetzungen dafür nicht verschüttet, sondern freilegt und bewahrt.

Die eigentliche, die letzte und tiefste Aufklärung über ihre Körper und ihre Seelen können nur Liebende selbst einander schenken. Dabei werden ihre Tabus nicht abgebaut, sondern lösen sich auf und wandeln sich zu einem gemeinsamen neuen Besitz. Hier wird dann alles ganz natürlich, ganz selbstverständlich und zugleich im tiefsten „unnatürlich" und wunderbar bleiben. In ihrer Widersprüchlichkeit als ganzes Tier und als ganzer Mensch werden so die Liebenden selbst ein Teil des Mysteriums, das hinter aller Biologie steht. Kenntnis des anderen und Kenntnis seiner selbst, wie sie solche Aufklärung bringt, ist ein Besitz, der reich macht. Und allein aus solchem Reichtum wird dann möglich und wird sogar leicht, was Sexualaufklärung als Unterrichtsfach mit dem Abbau von Tabus nicht bewirken, sondern allzuleicht verhindern kann: lieben zu lernen als Haltung gegenseitiger, irrationaler, unwissenschaftlicher und ganz „unnatürlicher", für den Menschen aber allein angemessener Treue und Beständigkeit.

Die drei Wesensmerkmale, die nach A. Portmann den Menschen entscheidend von seinen tierischen Verwandten abheben, sind der aufrechte Gang, die Sprache und das einsichtige Handeln. Gerade auf dem Gebiet der Sexualität weiß aber jeder von uns aus leidvoller und aus lustvoller Erfahrung, wie sehr biologische Zwänge mit der ganzen Wucht ihrer natürlichen Kraft dieses einsichtige Handeln einengen und in Frage stellen können. Handeln wir wirklich einsichtig in kritischen Situationen, handeln wir überhaupt oder handelt „es" in uns, so daß nur übrigbleibt, nachträglich Sinn zu suchen in dem, was ohne unsere Einsicht, ja oft genug wider unsere Einsicht, über unseren Kopf hinweg mit uns und in uns geschah? Bleibt uns dann wenigstens die Hoffnung, im Rückblick Einsicht zu gewinnen in die Grundlagen und Ursachen unseres Handelns und so zu erkennen, warum wir nicht so handeln konnten, wie wir es wollten oder — als sublimere Variante solcher Selbstbetrachtung — warum uns einsichtig erschien, was unsere spätere, bessere Einsicht reut? Jedes Bemühen um Selbsterkenntnis steht vor diesen Fragen, und wir alle wissen, daß der wissenschaftliche Einblick in die Physiologie unserer Antriebsstrukturen vorgebahnte und programmierte Abläufe sichtbar macht, die das Gefühl des freien, nur durch Einsicht gesteuerten Handelns fragwürdig, ja als Illusion erscheinen lassen. Gibt es einen freien Willen, der sich an nichts Geringerem als den Einsichten orientiert, gibt es ihn speziell im Bereich der Sexualität, und liegt hier der eigentliche Unterschied zum Tier, das unfrei ist und von seinen Trieben und Instinkten gesteuert wird?

Es ist eine alte Frage der Philosophie, die hier vor uns steht. Sie klang schon in der Seelenlehre des Aristoteles an und setzte sich fort in Thomas' Unterscheidung der Menschenseele von der Tierseele und in allen zahllosen Diskussionen über Willensfreiheit, die dazwischenlagen und danach folgten. Sie alle gelangten eben darum nicht zu einer überzeugenden Entscheidung, weil mit der Weichenstellung des Entweder-Oder der Weg zur Wirklichkeit des Sowohl-als-Auch versperrt wurde. Erst mit Freuds Entdeckung der natürlichen Triebe im Menschen —also des nach bisheriger Sicht gänzlich Unfreien und echt Tierischen in uns — wurde die Bahn geebnet für eine unbefangene, naturwissenschaftliche Bestandsaufnahme der Ursachen und Voraussetzungen unseres Handelns. Damit aber beginnt die entscheidende neue Möglichkeit, menschliches Verhalten dadurch zu verstehen, daß wir es mit dem der uns verwandten Tiere vergleichen.

Doch ist es Sigmund Freud nicht anders ergangen als vielen großen Pionieren und Entdeckern: das Neue wird nicht immer gleich richtig erkannt. Als Kolumbus das so lange von ihm erhoffte Land auf neuem Wege endlich sichtete und betrat, da meinte er, Indien gefunden zu haben, aber es war die kleine vorgelagerte Insel eines ganz anderen Landes, weiter von Indien entfernt als alle damals bekannten Teile der Erde. Und doch liegt in seinem Irrtum die große Tat der Entdeckung Amerikas, der Neuen Welt. So nimmt auch Freud bei der Entdeckung der Triebstrukturen des Menschen einen Teil für das Ganze und irrt sich dabei zugleich über dieses Ganze, dem er dadurch ferner steht als je ein Naturforscher vor ihm. Denn Sexualität ist nicht das Ganze des menschlichen Seelengrundes, sondern nur ein Teil. Und Libido — Streben nach geschlechtlichem Lustgewinn — ist nicht die richtige Erklärung für das Grundmotiv unseres Handelns. Und daher ist der „Nackte Affe", wie er heute durch den Blätterwald unserer illustrierten Zeitungen turnt und zum Bestseller unter den modernen Sachbüchern wurde, nicht der richtige Name für den Menschen. Dieser Name spiegelt nur die Wünsche und Bedürfnisse dessen, der ihn in diesem Bild erkennen will, und entfernt ihn weiter vom Land des eigentlich Menschlichen, als man je vorher gelangte. Und doch gilt auch hier und bei allem Irrtum: Amerika ist entdeckt, das Land der Triebe wird für die Wissenschaft vom Menschen die „Neue Welt", die nun mit hereingenommen werden muß in den Orbis terrestris unserer Seele, die ihre Schätze mit einbringt und so das Ganze größer und reicher macht.

Als Freud die Grundtendenz unseres Trieblebens in der Sexualität erfassen wollte und allenfalls Partialtriebe innerhalb dieser Generalrichtung anerkannte, folgte auf die Entmythologisierung des seelischen Menschenbildes sofort eine neue Verkleidung des eben Enthüllten und Freigelegten. Es war nur konsequent, wenn schließlich Desmond Morris in der Nacktheit, also im Präsentieren sexueller Signale und Auslöser, das eigentliche Kleid des Menschen erkennen wollte. Wenn andererseits Alfred Adler in Abkehrung von Freud diesen einen Trieb am Grunde unseres Handelns als Machttrieb, Aggression, Herrschaftsbedürfnis erklärte, so führt dies ebenfalls zu einem einseitig überzeichneten Menschenbild, das man als das des starken Affen bezeichnen könnte. Im Grunde sind beide Generalisierungen zu grob und gefährden dadurch den Gewinn, der eigentlich in der Entdeckung der menschlichen Triebstrukturen lag: sie setzen eine neue Ideologie an die Stelle der überwundenen, sie zerstören den unbefangenen Zugang zur Vielseitigkeit der freigelegten Ordnung durch die Befangenheit in der einseitigen Deutung.

Wenn wir den Geschlechtstrieb zoologisch betrachten, betreten wir ein weites Feld, denn das menschliche Liebesleben enthält den Sexus und enthält den Eros. Ein riesiger Bogen spannt sich zwischen diesen beiden Polen: der Sexus galt ganzen Zeitaltern als Inbegriff des Tierischen, des Unreinen, ja des Satanischen und Bösen, der Eros aber in seiner reinen, und das hieß: unsexuellen Form, als Inbegriff des Edlen, des Guten, Göttlichen, ja als Gott selbst. Der Zoologe wird, wie es Konrad Lorenz einmal ausdrückte, als Autoschlosser unter das Fahrgestell kriechen und im Blick von unten an das Ganze des von außen so schönen und chromblitzenden Wagens herangehen.

Er wird sich also aus diesem weiten Feld des Liebeslebens zunächst das enger umgrenzte, eindeutig mit den übrigen Lebewesen vergleichbare Fortpflanzungsverhalten auswählen. Nicht, weil er Liebesleben zum Fortpflanzungsverhalten entmythologisiert und abwertet, sondern weil er von dieser wissenschaftlich leicht erfaßbaren Stelle her den biologischen Zugang zum Ganzen finden kann.

Vom Fortpflanzungsverhalten sprechen wir, wenn nicht nur einzelne Organe, sondern der gesamte Organismus handelnd in den Ablauf des Sexualgeschehens eingreifen. Das geschieht tatsächlich bei fast allen überhaupt „handelnden", d. h. sich aktiv bewegenden Lebewesen, insbesondere bei fast allen Tieren. Verschmelzungsprozesse, Austausch und Neukombination der genetischen Informationen, die in den Chromosomen der Zellkerne enthalten sind, gehören zu den Notwendigkeiten des Fortbestandes des Lebens und dienen der Ausmerzung schadhafter Gene, zugleich auch der Einbringung von Mutationen, also Abänderungsvorschlägen, in den Diffusionsraum gleicher Gene, als den man jede Spezies bezeichnen kann. Die zur Erzielung einer Annäherung und Verschmelzung notwendige Unruhe und Antriebsspannung wird in der Natur durch die Errichtung eines Ungleichgewichts erreicht, das nach seinem Ausgleich strebt. Physiologisch — bei höheren Formen des Lebens auch psychologisch — stellt sich dieses Ungleichgewicht, dieser Aufbau einer polaren Unruhe aus dem Urzustand einer zentralen Ruhe, durch die Geschlechter her, also durch die männliche oder weibliche Ausprägung der Individuen einer Art. Gehen wir dem Geschlechtsunterschied bis in die letzte erkennbare Feinheit des Aufbaus nach, so stoßen wir schließlich auf Konzentrationsunterschiede bestimmter Enzyme und anderer Wirkstoffe als biochemischen Bodensatz der Geschlechterspannung und der Anziehung, die zwischen ihnen herrscht. In diesem Sinne hat ein skeptischer Beobachter des Befruchtungsvorgangs bei niederen Lebewesen in durchaus unerlaubter Verallgemeinerung und stärkster zynischer Vereinfachung festgestellt: Liebe ist Apfelsäure! Setzen wir ihm sogleich ein „Liebe ist mehr!" entgegen, aber halten wir doch fest: Auch beim Menschen und all den reichen Ausdrucksformen, zu denen seine beiden Geschlechter in ihren verschiedenen Rollen gelangen können, um das Spannungsfeld aufzubauen, das sie zu liebender Vereinigung drängt wie zur Rückkehr in die Ruhe aus den Fernen der Unruhe — auch bei uns liegen am Grunde dieser Erscheinung als physiologischer Ausgangspunkt die Mengenverhältnisse und Wirkungsgrade von Zellsäften, die in den X- oder Y-Chromosomen unserer Zellkerne, in der Biochemie einzelner organischer Moleküle abgezählt und gemessen werden können.

Diese Vereinigung gegengeschlechtlicher Individuen ist der dem Biologen erkennbare Zweck der Sexualität, um sie geht es bei dem Fortpflanzungsverhalten der Lebewesen. Sie ist ein physiologisch schwieriger Vorgang. Oft stellt sie die komplizierte, nur auf mühsamen, von vielen Gefahren bedrohtem Weg zu erreichende Endstation einer langen Handlungskette dar, und immer setzt sie individuelle Vorbereitungs- und Reifungsprozesse voraus. Die Geschlechtsreife ist stets ein verhältnismäßig spätes, sehr oft im Tierreich sogar letztes und abschließendes Wachstumsstadium des Individuums, obwohl die inneren Geschlechtsorgane meist schon sehr früh gebildet werden: Bei den Schmetterlingen besitzt sie schon die Raupe, beim menschlichen Embryo sind sie schon in der zweiten Lebenswoche, vor den Extremitäten und Sinnesorganen, angelegt. Eine besondere physiologische Struktur scheint die Reifung dieser Gonaden zunächst zu verhindern, ein System von Hormonen — bei Wirbeltieren vom Hinterlappen der Hypophyse ausgehend — setzt ihre Reifung dann sehr viel später in Gang. Damit werden bei den Wirbeltieren, auch beim Menschen, die Gonaden zu Keimdrüsen, die nun mit Hilfe der von ihnen abgesonderten Geschlechtshormone den ganzen Organismus für das Fortpflanzungsverhalten reif machen und die Antriebsstrukturen wecken, die dieses Geschehen als Triebziel durch entsprechendes Handeln zu erreichen suchen.

Doch ist dieses grobe Modell für die Erklärung der menschlichen und auch der verwandt-tierischen Appetenz nicht genügend. Geschlechtshormone bilden in notwendiger Menge zwar die Grundlage, aber nicht die ausreichende Erklärung der geschlechtlichen Aktivität. Sie läßt sich beim Menschen, wie die vergeblichen Versuche der Hormontherapie zeigen, durch zusätzliche Hormonmengen nicht wesentlich steigern, sie bleibt andererseits auch bei gewaltsamer Entfernung der Keimdrüsen noch über Monate und Jahre erhalten. Neueste Forschungsergebnisse zeigen, daß unser sexuelles Bedürfnis in seinem Grundmuster von der Geschlechtsreife ab in sehr hoher und drängender, ja biologisch zwingender Intensität vorhanden ist, aber durch ein biochemisches Depressorensystem — den hormonähnlichen Stoff Serotonin — so niedrig gehalten wird, daß hormonale und psychische Regulationen möglich und nötig werden. Hebt man durch Parachlorphenylalanin diese Wirkung der Drepressoren auf, lockert man die Zügel dieses biochemischen Kontrollsystems, so kommt es zu einer willensmäßig nicht mehr steuerbaren, überflutenden sexuellen Appetenz auf niedrigster Reizschwelle. Die Verhaftung des Menschlichen im biologischen Wurzelgrund ist hier wie überall sonst im leiblichen und psychischen Geschehen deutlich: ein Defekt im geordneten harmonischen Ablauf unserer physiologischen Regelkreise kann die Funktionen unseres Leibes so mächtig machen, daß sie uns, d. h. den eigentlichen „Herrn im Hause", vollständig überrennen. Das „Es", wie Freud es nannte, wird dann in uns stärker als das „Ich".

Bei den Tieren ist dieses völlige Vorherrschen des „Es" das Normale, vermutlich einfach deshalb, weil es etwas wie den „Herrn im Hause", ein Ich, oberhalb der Ebene des physiologisch und psychologisch Funktionalen, dort gar nicht gibt. Allenfalls aber, weil eine solche personale Oberinstanz nur als schwaches Flämmchen existiert, das auf dem Höhepunkt eines Hormonschubs mit Sicherheit überflutet wird. Nur in schwacher Andeutung gibt es bei den höchsten Menschenaffen die Ablehnung eines sich anbietenden Sexualpartners bei gesundem Hormonspiegel, in ungestörten Umweltverhältnissen und trotz ausreichendem Angebot von Auslöserreizen.

Die hormonale Steuerung des sexuellen Triebgeschehens der höheren Tiere ist zugleich dem Rhythmus des Jahreslaufs angepaßt. Die Brunstzeit ist so eingeordnet, daß die Geburt der Nachkommenschaft in dem klimatisch günstigen Monat erfolgen kann. In mildem Klima, auch in den Tropen, lockert sich diese zyklische Bindung der Sexualität an die Jahreszeit, ebenso bei der Haustierhaltung, wo die gleichmäßige Witterung im Stall die Unterschiede des Jahreslauf ausgleicht. Bei den weiblichen Hominiden, also den Menschenaffen und den Menschen selbst, ist der Sexualzyklus merkwürdigerweise nicht mehr dem Jahr, sondern dem Monat, nicht mehr dem Sonnenumlauf, sondern dem Mondzyklus parallel gestellt. Es kommt in etwa vierwöchigen Abständen zur Eireifung und Hormon-Ausschüttung, die zu maximaler Empfängnisbereitschaft und sexueller Appetenz in der Zyklus-Mitte führen, zum sogenannten Oestrus der Affen, wie ihn neue Untersuchungen als klare Libido-Steigerung auch bei Frauen nachweisen und zur Blutung am Ende des Zyklus. Dieser Zyklus kann ausfallen — bei manchen Affen regelmäßig einige Jahre nach jeder Geburt, wenn das Junge am Leben bleibt. Damit fällt dann auch das sexuelle Bedürfnis dieser Tiere fort und mit ihm das Sexualverhalten, soweit es wirklich Fortpflanzungsfunktion hat und nicht teilweise in andere Antriebsbereiche einbezogen worden ist. Beim erwachsenen Menschen dagegen fällt der weibliche Zyklus nur während der Schwangerschaft und im Alter aus, und die sexuelle Appetenz beider Geschlechter — die zwar vielfältigen Schwankungen und Störungen ausgesetzt sein kann und normalerweise einer weitgehenden psychischen Kontrolle unterliegt — ist von Jahreszeit und Zyklus fast ganz abgelöst und praktisch jederzeit latent vorhanden.

Damit sind sowohl Ähnlichkeiten als auch Unterschiede schon in der physiologischen und psychologischen Grundsituation des Sexualgeschehens bei Tieren und beim Menschen deutlich geworden. Es kann tatsächlich von allen Antriebsbereichen am allerwenigsten in dem der Sexualität genügen, wenn man das spezifisch menschliche Verhalten durch physiologische und verhaltenskundliche Beobachtungen an Tieren verstehen und hinreichend beschreiben will. Das hat zunächst einmal einen rein biologischen Grund: Kein Tier hat eine vergleichbar lange Kindheit als Zeit der Entfaltung und differenzierter Lern- und Prägungs-Prozesse hinter sich, wenn es geschlechtsreif wird, wie der Mensch. Daher besteht seine Sexualität nicht allein im zeit- und reizbedingten Ausklinken einfacher Erbstrukturen, sondern ist durch eine Fülle möglicher Verhaltensvarianten angereichert. Ihre Breite wird durch die Verzahnung verschiedener Entfaltungsbedingungen mit den unterschiedlichen Umwelteinflüssen auf dem Wege durch die Kindheit bestimmt.

Von entscheidender Wichtigkeit für die individuelle Tönung des sexuellen Empfindens und Verhaltens eines Erwachsenen ist nämlich sein frühkindliches Erleben in allen den Antriebsbereichen, die sich nacheinander, den Phasen seiner Entwicklung entsprechend, in ihm entfalten. Freud hatte alle diese Antriebe noch als Partialtriebe der Sexualität bezeichnet, weil er erkannte, wie maßgeblich alles spätere sexuelle Verhalten in ihnen wurzelt und auf ihnen aufbaut. Die Sexualität eines Erwachsenen kann danach z. B. eine „oral-kannibalistische" oder eine „anal-sadistische" Färbung erhalten, wenn frühkindliche Libidostufen nur unzureichend bewältigt wurden. Die Triebbefriedigung eines Erwachsenen kann also unter Umständen besonders an die Mundzone, an die „Oralität", gebunden sein. In unreifer Weise wird ihm dann Essen und Trinken, Rauchen, Saugen, Lutschen und Küssen mehr oder intensivere Befriedigung bedeuten als die genitale Sexualität. Solches Verhalten zeigt an, daß dieser Mensch als Säugling — also in der Altersstufe, in der die Mundzone und die oral-kaptativen Antriebe im Vordergrund aller Handlungsmöglichkeiten standen — unzureichend abgesättigt und ungenügend befriedigt worden ist, so daß diese Stufe gar nicht voll überwunden werden konnte. Er bleibt daher, wie es in der Sprache der Psychoanalyse heißt, an diese frühkindliche Antriebs- und Libido-Stufe fixiert.

Wie sich an diesem Beispiel zeigt, ist die Störbarkeit des Menschen auf dem Feld seiner sexuellen Antriebsentwicklung sehr groß; sie ist deutlich größer als bei Tieren. Denn die Tiermutter handelt, jedenfalls bei ungestörten Umweltverhältnissen, in freier Wildbahn, ihren Jungen gegenüber stets „richtig". Sie funktioniert in der klaren Gesetzlichkeit von Instinktmechanismen, so daß die frühkindlichen Entwicklungsphasen der Jungen in einer ihnen angemessenen Weise sicher durchlaufen werden können. Dagegen haben Menschenmütter die Möglichkeit zu durchaus variablem Verhalten, sie handeln nicht unumstößlich und zwingend nach ihrem angelegten „Gefühl", in dem instinktiv das Richtige zu erfahren wäre, sondern nach rational erdachten Vorschriften oder unter dem Einfluß wechselnder Moden, Ideologien oder Wünsche. Manche stillen ihre Kinder nicht oder nicht ausreichend, manche lassen sie schreien, sie halten ihren Säugling nicht mehr an der Brust, tragen ihn nicht auf dem Rücken, beruhigen ihn nicht durch die Wärme und den Rhythmus ihres eigenen Körpers, sondern überlassen ihn mehr oder weniger einer technisierten Ersatzbetreuung. Das Naturwesen Säugling, das in seinem ererbten Programm angemessenen Verhaltens und spezifischer Prägung auf die greifbare Nähe und die natürliche Verfügbarkeit seiner Eltern — ganz besonders seiner Mutter — angewiesen ist, trifft in unserer Zivilisation auf eine im wahren Sinne unbegreiflich gewordene Welt, in der zu bestehen eine biologische Leistung ist, die oft genug durch Einbußen im normalen seelischen Entwicklungsverlauf erkauft werden muß.

So ist die auffallende Vielfalt sexuellen Verhaltens beim Menschen, die Fülle der Varianten in den Wegen und in den Zielen seiner Liebesfähigkeit, zu einem großen Teil dadurch bedingt, daß durch unangemessenes Verhalten der Erzieher in jedem seiner frühkindlichen Antriebsbereiche — im oralen, im intentionalen und am aggressiven — Entwicklungsblockierungen hervorgerufen werden können, die eine volle Ausreifung der Sexualität verhindern. Daß Geschlechtlichkeit in reifer Weise zugleich eine seelische Ich-Du-Beziehung werden kann, muß seine erste Vorbereitung im frühen Kontakt zwischen Mutter und Kind erfahren. Menschen, die als Säuglinge eine enge Bindung an eine fürsorglich-liebevolle, Schutz, Wärme und Nahrung spendende Mutter nicht entwickeln konnten, haben daher häufig als Erwachsene deutliche Kontaktschwierigkeiten, so daß auch ihre Sexualität sich nicht zu echter Bindung an einen Partner entfaltet, sondern sich in wahlloser Promiskuität, in steuerlosem Schweifen verliert. Daß frühe Antriebsstörungen der Grund dafür sind, hat sich im Tierexperiment sogar beweisen lassen: Auch die Rhesusaffen Harlows, bei denen man den notwendigen intensiven Mutter-Kind-Kontakt künstlich verhinderte, indem man sie isoliert aufzog, hatten später große Schwierigkeiten, einen Sexualpartner zu finden, schweiften sexuell und allgemein-sozial am Rande der Affensozietät und wurden kurz gesagt, niemals „ordentliche" Affen.

Es sollen hier nicht alle Varianten der Sexualität beschrieben werden, die in der frühkindlichen Antriebsentfaltung vorgeformt werden. Doch gehört es zum Erfahrungswissen der Psychoanalytiker, daß durch harte körperliche Züchtigung im Kleinkindalter späterer Sadismus oder Masochismus, durch Unterdrückung sexueller Neugier späterer Voyeurismus, durch Diffamierung des sexuellen Zeigebedürfnisses späterer Exhibitionismus hervorgerufen werden können. Die bedeutungsvollste Programmierung für späteres Sexualverhalten geschieht aber offensichtlich im Alter von fünf Jahren, in der Entwicklungsstufe, die Freud als ödipal bezeichnete. Durch eine vorübergehende, sexuell getönte Bindung des Kindes an den gegengeschlechtlichen Elternteil wird hier anscheinend das Bild der „richtigen" Frau für den Jungen, des „richtigen" Mannes für das Mädchen an Mutter und Vater vorgeprägt.

Eine erstaunliche Analogie zu diesem Vorgang läßt sich in der sexuellen Prägungsphase der Entenvögel nachweisen. Nach der frühen Kindheit durchlaufen diese Tiere eine Prägungsphase, in der sie

am Elternkumpan lernen, sich später einen Geschlechtspartner der eigenen Art auszusuchen. Friedrich Schutz in Seewiesen hat diese Zusammenhänge in vielen Experimenten bewiesen, indem er junge Enten mit artfremden Ersatzeltern oder schließlich gar mit gleichgeschlechtlichen Artgenossen zusammen aufzog. Es gelang ihm auf diese Weise, sowohl Paarungen verschiedener Arten als auch lebenslängliche gleichgeschlechtliche Erpelehen zu erreichen, was beides in freier Natur niemals vorkommt. Diese Versuche legen Vergleiche mit der Lebensgeschichte sexuell pervertierter Menschen nahe, worauf zuerst die Psychologin Christa Meves hinwies. Sie schreibt (1969): „Die Psychoanalyse hat von ihren Anfängen an behauptet, daß der Mensch in der sogenannten ödipalen Phase eine spezifische Beeindruckbarkeit besäße, die maßgeblich sein könne für sein späteres Liebesleben. Danach scheint es so, daß auch der Mensch in der Kindheit eine Prägung erlebt, in der das Hinwenden zu einem gegengeschlechtlichen Partner prinzipiell festgelegt wird. Dieses Kennenlernen eines generalisierten Objekts erfolgt — genau wie bei den Enten — in einem anderen Funktionskreis, als für den es bestimmt ist, nämlich an den eigenen Eltern. Durch ungünstige Vorbilder können diese Muster entstellt werden, so daß der Mensch dann sexuelle, auf eine gegengeschlechtliche Person gerichtete Antriebsimpulse unterdrückt, wenn sie in seiner Reifezeit in Erscheinung treten wollen. Ist bei einem Kind die Basis für die spätere gegengeschlechtliche Objektwahl zu schmal gewesen oder ganz ausgefallen, so kann es zu zufälligen Verknüpfungen zwischen genitalen Sensationen und inadäquaten Objekten kommen. Auf diese Weise können Fetischismus, Pädophilie und Homosexualität entstehen. Es kann aber auch bei solchen Konflikten etwas Ähnliches geschehen wie bei Schutz' Erpeln: Der Konflikt kann Verdrängung der sexuellen Impulse und Angstreaktionen auslösen, so daß es zu seelischen und körperlichen Leiden und zu unangemessenem Verhalten kommt."
Schwierigkeiten entstehen aber nicht nur, wenn die frühkindliche Einübung der späteren Liebesfähigkeit durch ein unterkühltes Ver-

hältnis zum entsprechenden Elternteil zu kurz kommt, sondern auch, wenn umgekehrt in der empfindlichen Prägungsphase der Fünfjährigen eine überhitzte, zu stark sexuell getönte Bindung erfolgt, was man mit Freud dann die „ödipale Fixierung" nennt. Nur wenn sich ein Junge aus dieser Fixierung an die Mutter löst, was mit dem unbestimmten Unbehagen gegenüber dem Vater, mit den Qualen eines Ödipus und dem Gefühl seiner Schuld und seines schlechten Gewissens verbunden ist, wird der Weg frei für eine gesunde Entwicklung in der Pubertät. Und das gleiche gilt in der umgekehrten Situation für das Mädchen dem Vater gegenüber. Bleibt aber die ödipale Bindung durch eine sexuell gefärbte Stimulation der entsprechenden Bezugsperson erhalten, so kann es später im Jugend- und Erwachsenenalter zu dramatischen psychischen Störungen kommen. Die Einsicht der Wissenschaft in diese so außerordentlich störanfälligen, hochkomplizierten Entfaltungsbedingungen reifer Sexualität lassen manche modernen Experimente, Jugendliche in Kommunen, Kinderläden und Falkenlagern zu sexuellem Verhalten zu stimulieren, als pseudowissenschaftlich und verantwortungslos erscheinen. Die Schäden, die durch falsche, den sich entwickelnden Antriebsstrukturen nicht angemessene Erziehungsmaßnahmen hervorgerufen werden können, sind meist irreparabel; die Hilfe, die Eltern und Gesellschaft dem einzelnen auf dem Wege zur Entwicklung seiner reifen Sexualität bieten können, machen diese Erziehung zu einem Kunstwerk, zu dem neben gutem Willen auch Wissen und Geschick, Geduld und Liebe gehören. Wo dieses Kunstwerk, dieses echte Stück Kultur mitten im Raum unserer Zivilisation gelingt, da wird der Mensch mit dem Reifen seiner Sexualität zugleich zu entscheidend viel mehr fähig als zu Geschlechtsverkehr, nämlich zu allem, was an seinem Liebesleben spezifisch menschlich ist und über das biologische Triebgeschehen weit hinausreicht.

Auf diesem Wege muß jedoch noch ein weiteres Antriebsgeschehen bewältigt werden, das dem Geschlechtstrieb des Menschen scheinbar entgegengerichtet ist und um so rätselhafter wirkt, weil es beim

Tier fehlt: das *Schamgefühl.* Im biblischen Bild des Sündenfalls ist die Situation geschildert, die den Menschen radikal von allen anderen Geschöpfen sondert: Nachdem sie vom Baum der Erkenntnis gegessen hatten, „da wurden ihrer beider Augen aufgetan, und sie wurden gewahr, daß sie nackt waren." „Die Augen klärten sich ihnen beiden . . ." übersetzt Martin Buber den alten hebräischen Text: nicht Trübung ursprünglicher Natürlichkeit, nicht prüde Verklemmung durch unnatürliche gesellschaftliche Tabuisierung, wie es die moderne Soziologie uns heute weismachen will, sondern einen höheren Grad geistiger Klarheit billigt der Jahwist dem Menschen zu, der aus der paradiesischen Unschuld der Tiere herausgetreten ist und für den darum nicht länger gilt, was Inbegriff dieser Unschuld gewesen war: „sie waren beide nackt, der Mann und sein Weib, und sie schämten sich nicht." In der schmerzlichen Erkenntnis der Abgetrenntheit wird die exzentrische Unruhe der Geschlechterspannung, die auf „ein Fleisch" zielt, auf das eine „Es", dem doch zwei „Ichs" von nun an entgegenstehen, voller Scham als Schuld erlebt. Diese Unruhe drängt zur Aktion, und so „flochten sie Feigenlaub zusammen und machten sich Schurze". Im Verhüllen, im Versuch, sich mit der Natur nicht abzufinden, sondern sie nach den eigenen Wünschen zu verändern, ihr eine Kultur entgegenzustellen, wird die Stufe des eigentlich menschlichen Handelns erreicht. In diesem Sinne hat der polnische Philosoph Kolakowski die Kultur als „Opposition zur Natur" verstanden und das Feigenblatt als ihren Beginn gesehen.

Tatsächlich findet sich das Feigenblatt in Form des Lendenschurzes oder anderer verhüllender Artefakte bei fast allen Völkern, auch bei den primitivsten, und nicht nur Bedürfnisse des Wärmehaushalts und der Hygiene stehen hinter diesem Verhüllen, sondern der Antrieb des Schamgefühls. Wie zentriert dieses Gefühl auf die Geschlechtlichkeit und die Sexualorgane ausgerichtet ist, darauf weist in unserer Sprache die Tatsache, daß „die Scham" zu einem umschreibenden Symbol für die Genitalien wurde. Und wenn scheinbar dagegen spricht, daß bei manchen Naturvölkern, im antiken Kult und in manchen Details der mittelalterlichen Mode auch in unserem Kulturraum, die Sexualorgane des Mannes sogar hervorgehoben und überhöht wurden bis hin zur Anbetung des Phallus als einer Gottheit, so beweist das doch nicht die Abwesenheit des Schamgefühls, sondern nur seine Verdrängung und die Möglichkeit, es auf andere Verhaltensbereiche umzumotivieren. Sexuelle Potenz, unverhüllt und mit Stolz dargeboten als Symbol für Macht und gesellschaftliche Ranghöhe, als „Imponiergehabe", wie es die Verhaltensforscher nennen, ist bei vielen Primaten eine im Verhalten eingebahnte Motiv-Verschiebung. Wir finden sie auch mitten in unserer Zivilisation überall, wo Männer in primitiver Gesellschaft das kulturelle Niveau bis auf das biologische Verhaltensskelett abbauen — und wir finden sie in vielen Affengesellschaften.

Daß es Schamgefühl, d. h. die Fähigkeit, sich eigener Unvollkommenheit zu schämen und zugleich das Bedürfnis, sie vor anderen zu verbergen, im Tierreich nicht gibt, steht fest. Der voller „schlechtem Gewissen" sich schämende Hund, der sich vor seinem Herrn mit eingekniffenem Schwanz verkriecht, steht dieser Feststellung nur scheinbar entgegen. Er verhält sich dem Anlaß entsprechend, wenn er mit einer Demutsgebärde das gesellschaftliche Anerkennungsritual durchführt, mit dem er nach seiner Art ein herausgefordertes Alpha-Tier besänftigt — nicht mehr. Das Präsentieren der Genitalien, die Unbefangenheit, mit der Tiere ihrer Sexualität nachgehen, hat ihnen ja vor allem das Urteil der Schamlosigkeit eingetragen. Die Fremdheit zwischen uns und ihnen wird hier spürbarer als irgendwo sonst in ihrem Verhalten. Nicht ein „nackter Affe" ist der Mensch, sondern das einzige Lebewesen, das sich solcher Nacktheit schämen kann. Für uns ist das Schamgefühl ein die Natur überhöhender und die Kultur schaffender Antrieb, der zum Merkmal unserer Art wird, da der Mensch, wie Arnold Gehlen sagte, „von Natur ein Kulturwesen" ist.

Wenn es eines Beweises dafür noch bedurft hätte, so liefert ihn heute die Kinderpsychologie, die nachweisen kann, daß ein Drang zum

Verbergen der eigenen Nacktheit beim jungen Menschen als normaler Entwicklungsschritt auftritt, sowie die Geschlechtsrolle bewußt erfaßt wird. Man kann diesen Antrieb zwar, wie andere auch, durch Erziehung verdrängen oder gar eliminieren, aber man wird mit solcher Manipulation und seelischen Verstümmelung nicht beweisen, daß es das Schamgefühl nicht gäbe. Nacktheit hat mit natürlicher Unschuld nur noch wenig gemein, wenn eine bestimmte Bewußtseinsstufe überschritten ist; Unbefangenheit beim Anblick der Nacktheit eines Erwachsenen des anderen Geschlechts ist daher kein Zeichen für befreite Natürlichkeit unserer sexuellen Antriebsstrukturen, sondern für ihre Einengung durch Abstumpfung oder Verdrängung. Setzte man Kinder allein auf einer einsamen Insel aus, damit sie in nackter Natürlichkeit, von allen „repressiven Einflüssen der Gesellschaft" befreit, unserer Art gemäß aufwüchsen, so würden sie den Lendenschurz neu erfinden. Sie würden ihn dringend brauchen, um in seinem Schutz seelisch gesund zur Pubertät heranzureifen. Nach dieser Phase werden sie dann in der Lage sein, ihn wieder abzulegen, wenn in einer personalen Begegnung die Scham der wohlbehütete Besitz ist, den man aufgeben kann, um ihn einem Partner zu schenken.

So steht am Ende unserer Betrachtung die menschliche Ausdrucksform einer reifen, partnerschaftlichen Liebe der Ich-Du-Beziehung, in der nicht nur zwei „Es" zu „einem Fleisch" werden können, sondern zugleich zwei „Ichs" zu einem leiblich-seelischen „Wir", zu einem Geschlechtsleib, wie der Anthropologe von Gebsattel es nannte. „Denn erst hier, wo Ich und Du in der zeitenthobenen Unmittelbarkeit der schöpferischen Liebesbegegnung sich als wesenhaft einer zum anderen gehörend erfahren, . . . ist der Grund gelegt für jene tragende Geschlechtsgemeinschaft, die die Liebe benötigt, um Leib werden zu können."

Die Sexualität mit ihrer nach draußen drängenden, sich verströmenden Triebhaftigkeit wird geschützt, umhüllt und damit zugleich geformt durch die nach innen gekehrte und auf Bewahrung gerichtete Schamhaftigkeit, und der Mensch wird im Gegeneinander dieser beiden Kräfte über die Ebene tierhafter Individualität angehoben in den Bereich echter Personalität. In dieser Höhe reifer Entwicklung begegnen sich dann auch im Sexuellen nicht mehr die Geschlechter einer Art, um dem uralten Gesetz der Erhaltung zu dienen, sondern der Vollzug der Artgesetze wird zum tragenden Grund, auf dem die Person, der unverlierbare einzelne, wächst. Getragen von der Liebe eines anderen Ichs lernt er, sein eigenes Ich anzunehmen, und findet Trost und neue Kraft in der Einsamkeit, die der Preis ist für eigentlich menschliche, für geistige Existenz. Im liebenden „Wir" wird er zugleich reif für die Erkenntnis, daß alle Unruhe und Sehnsucht, deren sein Ich fähig ist, ihn von sich wegtragen wollen zu anderen, höheren Zielen.

Was in der Originalmitteilung der „Nature" noch bescheiden in Medizinerlatein gehüllt war, machte in den Illustrierten bald schrille Schlagzeilen: „Die Retortenbabys sind da" und „Das eigene Kind im fremden Schoß". Mit Bilddokumenten ausgestattet und ganz im Einklang mit der Zukunft, die schon begonnen hat, wird eine bequemere, gesündere Welt skizziert, die neue Freiheitsgrade bietet und dazu eine neue Art der Versicherung: Gütekontrolle der Nachkommenschaft, bevor einer von ihnen auf die beschwerliche Reise der Schwangerschaft gesandt wird, und dazu Gastschwangerschaften für werdende Mütter, die selbst an ihrer Aufgabe gehindert sind. „Miet-Austrägerinnen werden so alltäglich werden wie einst die Ammen".

Ein höchst erstaunliches Ereignis also, das erregende Perspektiven aufwirft. Nur eines ist diese Meldung nicht, obwohl die Schlagzeilen gerade dies so betonen: eine wissenschaftliche Sensation. Was in dem genialen Klassiker unter den biologischen Zukunftsromanen, in Aldous Huxleys „Schöne neue Welt", die Generation unserer Väter erschütterte, diese Retortenbabys, die nach neunmonatiger Ausbrütung in ihren Glasgefäßen „entkorkt" wurden, sind eine nun bald fünfzig Jahre alte Vision, von der bereits ein fast ärgerlicher utopischer Nachholbedarf ausgeht: Ist es denn nicht endlich soweit?

Tatsächlich hatte der Italiener Petrucci schon 1961 von erfolgreichen Anfängen solcher Herstellung und Aufzucht von Menschen in vitro berichtet. Es wurde zwar bald still um ihn, aber 1966 vermeldete er auf dem Rückflug von Moskau, daß die Biologen Maiski und

Anokshin vom sowjetischen Akademieinstitut für experimentelle Biologie bereits Embryonen bis zu 500 Gramm Gewicht und sechs Monaten Alter in ihren Kulturgefäßen züchten könnten. Jedenfalls stand es so im Deutschen Ärzteblatt zu lesen unter der lateinischen Überschrift „Homo ex vitro"! Vielleicht ist es gut, daß den Medizinern dieses Idiom geläufiger ist als den meisten Redakteuren und daß die Ärzte noch etwas von der Arkandisziplin ihrer Kunst wahren und mit neuen Entwicklungen eine Zeitlang in ihrer Fachsprache unter sich bleiben können, sonst wäre der Sturm der allgemeinen Publizität noch frühzeitiger und noch vorschneller losgebrochen.

Soviel steht fest: Sollten sich diese Berichte bewahrheiten und würde demnächst das erste Retortenkind die Augen aufschlagen, so wird es ein russischer Staatsbürger sein, und die westliche Welt wird sich in der Biotechnik so weit überrundet sehen wie vor Jahren in der Weltraumfahrt, als der erste Sputnik die Amerikaner überraschte. Denn was die westliche Welt in diesem Fach an Erfolgen zu melden hat, besitzt allenfalls den Wert einer negativen Sensation. Es zeigt sich, daß die Befruchtung eines menschlichen Eies durch einen menschlichen Samenfaden — ein Vorgang, der „in vivo" zur Beunruhigung aller Bevölkerungspolitiker nur allzugut und allzuoft gelingt — außerhalb des Mutterleibes unter künstlichen Bedingungen, also „in vitro", nur schwierig zu bewerkstelligen ist.

Die Eizelle schützt sich durch eine derbe Hülle vor dem Eindringen der Spermien, und nur für wenige Stunden innerhalb eines ungestört verlaufenden Reifungsvorganges wird diese Schutzhülle passierbar. Andererseits sind die Spermien nur unter speziellen Bedingungen, die vom Chemismus der Umgebung abhängen, im Zustand der „Kapazität", in dem allein sie eine Eihülle durchdringen können. Als man diese Zusammenhänge erkannte, fand man in der Tierzucht auch Wege, die Schwierigkeiten zu überwinden. Mäuse- und Kaninchen-Eizellen kann man heute bereits außerhalb des mütterlichen Körpers befruchten, und auch die Einpflanzung in andere Mütter gelingt und wurde sogar mit Schaf-Embryonen erfolgreich an Kaninchen-„Austrägerinnen" als Gastmüttern erprobt (mit dem Motiv, Flugfrachtraten für weite Transporte zu sparen!). Auch in vitro gelang es, Kanincheneier bis zu echten Embryonen weiterzuzüchten.

In dieser Situation ist nun also das geschehen, was biotechnisch in der Luft lag und wissenschaftlich nicht überraschen kann, weil alles, was physiologisch bei Mäusen, Kaninchen und Schafen möglich ist, nach den Gesetzen der Zoologie im Prinzip auch beim Menschen möglich sein muß. (Eine wissenschaftliche Sensation wäre es nur, wenn einmal eine solche Übertragung der Methode vom Tier auf den Menschen gar nicht funktionieren würde.) Vor mehreren Jahren hatten einige Wissenschaftler eine besondere Nährlösung entwickelt, mit der man die Spermien von Goldhamstern im Reagenzglas aktivieren kann, so daß sie die Fähigkeit zur Befruchtung von Goldhamster-Eizellen erwerben.

Den Doktoren Edwards, Steptoe und Purdy, drei Wissenschaftlern der Universität Oxford und der Oldham-Klinik in Lancashire, gelang es dann, menschliche Eizellen außerhalb des mütterlichen Körpers zu befruchten und in Kulturgefäßen zur Zellteilung zu bringen. Es wurden zu diesem Zweck bei mehreren Frauen unreife Eizellen durch einen chirurgischen Eingriff aus den Ovarien entnommen und in Nährlösungen eingebracht; nach Reifung wurden Spermien des Ehemannes, ebenfalls in einer geeigneten Nährlösung aktiviert, diesen Eizellen zugesetzt, wobei in vielen Fällen die Befruchtung erfolgte und anschließend die Zellteilung einsetzte, die normalerweise zum Heranwachsen eines Kindes führt. Um es in den eigenen Worten der Wissenschaftler zusammenzufassen: „Bei 29 von insgesamt 49 Patienten konnten durch diese Behandlung ein oder mehrere Embryonen hergestellt werden. Ob deren Entwicklung normal war und wieweit eine Überführung des Embryos (in die Mutter) erfolgreich verlaufen würde, kann noch nicht gesagt werden, obwohl die Voraussetzungen für eine solche Verpflanzung bei den behandelten Patientinnen günstig schienen."

Das Foto eines solchen Embryos zeigt deutlich die acht glasig-kug-
ligen Einzelzellen, die sich innerhalb der Eihülle nach drei Teilungs-
schritten aus der befruchteten Eizelle bildeten. Ein sensationelles
Bild! Noch nie ist ein so frühes Entwicklungsstadium des Menschen,
weniger als einen Millimeter groß, lebend unter dem Mikroskop
betrachtet und photographiert worden.
Wissenschaftlich also gewiß keine Sensation, und doch haben die
Illustrierten nicht unrecht, wenn sie ein besonderes Ereignis darin
sehen und dies nach den Gesetzen ihres Handwerks mit dem nötigen
Trommelwirbel anzeigen. Denn wenn auch biotechnisch fast nichts,
und gewiß nichts Neues, geschah, so ist dieser winzige Schritt doch
der entscheidende, der frei gegangen wurde, während alles, was
folgt, nun wie eine nicht aufzuhaltende Lawine aus innerer Folge-
richtigkeit nachkommt. Gerade weil sich in der Übertragung von
Veterinärmethoden in die Humanmedizin das wissenschaftlich
Selbstverständliche zutrug, geschah das menschlich Ungeheure!
Wenn etwas die Retortenbabys hätte verhindern können und sie
bisher verhindert hat, so war es dieser erste Schritt. Alles andere ist
eine Frage der biotechnischen Entwicklung, der Finanzierung, kann
sogar eine Frage des Nationalprestiges werden, wie Weltraumrake-
ten und Herzverpflanzungen — hier gilt wie für jeden in Gang ge-
setzten technischen Prozeß, was Helmut Thielicke einmal formu-
lierte: „Können wir dem Prozeß sich entwickelnder technischer Manipulation Einhalt gebieten, wenn wir merken, daß er unheimlich
zu werden beginnt? Wir können es nicht! Also wartet hier offenbar
daß Muß möglicher Verknechtung auf uns!"
Es stellt sich uns die Frage nach den Konsequenzen, und sie stellt
sich vor allem und zunächst den Wissenschaftlern selbst. Daß sie
diese Frage tatsächlich hörten, ist ein großer und hoffnungsvoller
Fortschritt, hier liegt die eigentliche Sensation. Denn noch bei der
Entwicklung der atomaren Explosion hatten sie solche Verantwortung für die Konsequenzen deutlich von sich gewiesen und auf ihr
Recht gepocht, ausprobieren zu dürfen, was „technisch so süß" und

reizvoll sei. Der winzige erste Schritt zum Retortenbaby, den die drei englischen Wissenschaftler unternahmen, wird von ihnen dagegen ganz deutlich im Zusammenhang mit den möglichen Folgen gesehen. Sowohl als Einleitung wie als Ausklang ihrer kurzen Mitteilung betonen sie, was eigentlich bei einem medizinischen Artikel unnötig wäre, weil es sich von selbst versteht: daß ihre Methode für Ärzte gedacht ist, „für die Forschung und den klinischen Gebrauch", und daß man hoffen dürfe, mit ihr einige Formen der Kinderlosigkeit zu behandeln. Auch die weltbekannte Zeitschrift, in der ihr Artikel erschien, gibt zugleich einen ungewöhnlichen einführenden Leitartikel, der dem Leser die warnende Gebrauchsanweisung zur neuen Entdeckung liefern will. Vollkommen legal sei dieses „lobenswerte Unternehmen", heißt es dort, weil man damit die Sterilität behandeln könne. Die „Nature" schließt mit den Worten: „Für einen Artikel wie diesen ist es notwendig festzustellen, daß die Absichten der Wissenschaftler sehr verschieden sind von denen des Großen Bruders in George Orwells 1984. Täte man es nicht, so bestünde Gefahr, daß die Öffentlichkeit ihren Glauben an die Wissenschaft verlöre."

Größer allerdings ist die Gefahr, daß wir den Glauben an uns selbst verlieren, denn das könnte der Mißbrauch solcher medizinischen Technik letztlich bedeuten. Es kann keinem Zweifel unterliegen, daß die Möglichkeit winkt, unfruchtbare Frauen zu heilen, d. h. ihnen mit ärztlicher Kunst zu eigenen gesunden Kindern zu verhelfen, die zwar außerhalb ihres Körpers empfangen, dann aber zu normaler und natürlicher Entwicklung eingepflanzt werden. Und es steht auch fest, daß ein solcher Erfolg der Medizin in einem sonst tragischen Einzelschicksal den Triumph menschlicher Heilkunst bedeuten könnte. Wie wenig aber der Mißbrauch zu verhindern ist, zeigt die erste Reaktion der illustrierten Zeitungen bereits deutlich, da in ihnen ja fast ausschließlich von den Möglichkeiten eines solchen Mißbrauchs die Rede ist. Nicht um das Heilen von Leiden geht es da, sondern um das Ersparen von Unbequemlichkeiten, die man anderen, den „Miet-Austrägerinnen", überlassen könnte. Wo aber Geburt nicht mehr „Entbindung" ist von einer schweren, in Liebe getragenen Last, wo es zuletzt heißen müßte „Mutter werden ist nicht schwer", da wird auch das „Mutter sein dagegen sehr" nachher als unzumutbar empfunden werden. Wenn schließlich die Frauen das Empfangen, Austragen, Gebären und Aufziehen der Kinder als eine von der Technik überholte Rückständigkeit empfinden würden, von der sie sich zu emanzipieren hätten, so müßte uns vor solchen Müttern so bange sein wie vor ihren Kindern. Auf dem Wege der „Selbstabschaffung des Menschen" wären wir einen weiten Schritt vorangekommen, auf dem Wege der Menschwerdung aber weit zurückgeschlagen.

Man darf hoffen, daß sich gegen solchen Mißbrauch bald ein allgemeines Empfinden der Abwehr mobilisiert und daß sich an diesen neuen Dimensionen biologisch-technischer Freiheit bewährt, was überhaupt bei jedem Zuwachs an Freiheit die Gefahr der Hybris bannt: der Gewinn an Kraft zur Selbstbesinnung und zum Verzicht. Die innere unaufhaltsame Dynamik der fortschreitenden Technik, die immer neue Räume möglicher Entscheidungen für den einzelnen schafft, wird ja erst da zum Gewinn, wo ihr mit gleichfalls wachsender asketischer Kraft zum Konsumverzicht begegnet wird als der neuen, eigentlichen Freiheit zu sich selbst und zur Unabhängigkeit vom Sog der Bequemlichkeit, zur liebenden Hinwendung an andere.

Doch muß auch die weitere Frage erörtert werden, die sich mit den Versuchen der englischen Wissenschaftler erneut in aller Deutlichkeit stellt. Ähnlich wie bei den Herzverpflanzungen tritt auch hier das Problem des Todes auf, wenn auch in der umgekehrten Form: wie bestimmen wir, wo menschliches schützenswertes Leben beginnt? Darf man eine im Experiment befruchtete Eizelle zu anschließender Beobachtung töten? Ist es nicht ein Mensch, der dabei vernichtet wird? Nach unserem Gesetzbuch ist es einer, und es liegt also die gleiche Situation vor wie bei der Abtreibung. Darf ein Mediziner, wie es vorgeschlagen wurde, zunächst die einer Frau entnommenen Eizellen im Labor mit den Spermien des Ehemannes befruchten, dann unter den entstehenden Embryonen den besten auslesen und zur Austragung einpflanzen, die anderen aber vernichten? Daß die Antwort „er darf!" im Einzelfall erfolgen und daß entsprechend gehandelt wird, müssen wir zur Kenntnis nehmen. Das Unbehagen an solcher Entscheidung aber ist unabweisbar, und das entschiedene „Nein" von kirchlicher Seite ist bereits erfolgt. Soll also wirklich im Moment der Befruchtung aus zwei wertlosen, rechtlich irrelevanten Körperzellen (den Keimzellen) ein zu schützendes, höchstes Rechtsgut entstehen? Diese Befruchtung selbst ist ein langwieriger, komplizierter Vorgang, der aus vielen Teilschritten besteht. Wo also liegt die Grenze zwischen allem und nichts: beim Berühren der Eihaut durch das Spermium, beim Eindringen ins Ei-Innere, beim Abwerfen des Spermienschwanzes, beim kompletten Chromosomensatz, bei der ersten Zellteilung . . .?

Wir stehen — wie so oft in der Wissenschaft — vor einem Kontinuum der zunehmenden Wertigkeit, wo wir doch zunächst eine klare Grenze annehmen durften. In einem Kontinuum aber versagt jede Vorschrift, jeder Begrenzungsversuch als Entscheidungshilfe von außen; das Setzen der Grenze wird zur persönlichen Tat. Im Töten eines Menschen haben wir — wenn wir die Reihe von der befruchteten Eizelle über den frühen Keim, den Embryo und den Säugling betrachten — ein zunehmend größeres Übel zu sehen, und es bleibt der Verantwortung der personalen Einzelentscheidung anheimgegeben, ob überhaupt, aus welchem Motiv und wo in dieser Reihe eine Tötung denkbar wird. Am Ende der Reihe aber steht auf jeden Fall der erwachsene und reife Mensch. *Den* zu töten muß stets das übelste Übel bleiben, selbst wenn unsere angeborenen Instinkte uns das Kleinkind als das „niedlichste", und darum sogar in höherem Maße als einen Erwachsenen schützenswert erscheinen lassen. Das unwahrscheinlichste, nach menschlicher Wertskala höchste Rechtsgut bleibt der mündige und freie Mensch, in dem das Abenteuer der

Entwicklung einer befruchteten Eizelle zu einem letzten möglichen Gipfel geführt hat. Wo Wirklichkeit wertvoller ist als Möglichkeit, wird man nicht eine Mutter dem Kinde opfern, sondern, wenn es unausweichlich wäre, das Werdende dem Gewordenen. Der Adel solcher Reife wird sich aber darin zeigen, wie wenig der mündige Mensch bereit ist, das Opfer Geringerer anzunehmen und wie sehr er sich dem noch Werdenden schützend und liebevoll zuneigt.

Als dieses Jahrhundert begann, schien es klar, daß es die Epoche der Elektronik, der Atomphysik sein würde. Mit froher Zuversicht ging man in dieses neue Zeitalter hinein, mit einer Zuversicht, die, als noch nicht einmal die Hälfte des Jahrhunderts vorüber war, in ein Grauen umschlug angesichts der ersten detonierenden Atombombe. Nach diesem Grauen kam die Hoffnung, daß man die Atomkräfte eines Tages wirklich in die Hand bekommt, bewältigt und manipuliert zum Guten des Menschen. Wir werden das vielleicht erleben, aber in der zweiten Hälfte des Jahrhunderts ist klargeworden, daß dieses Säkulum nicht das der Atomphysik, nicht das der Elektronik sein wird, sondern das der Biologie. Nicht nur die Kräfte, die in der Materie und im einzelnen Atom schlummern, sind in unsere Macht geraten in einem Maße wie nie zuvor, sondern auch die ungeheuren Möglichkeiten, die im lebenden System, im lebenden Molekül lagern. Wir dürfen sicher sein, daß unser Zeitalter im Gegensatz zu allen, die jemals vorher gewesen sind, sich durch diese beiden Dinge auszeichnen wird: durch das Beherrschen der großen Kräfte wie auch der des Lebens. Dieses In-die-Hand-Bekommen ist freilich noch sehr beschränkt. Wir können nicht viel mehr, als eine Explosion der Atome auslösen und diese Explosion eventuell auf sehr umständlichem Wege bremsen und in friedliche Energie verwandeln. Wir können bisher auch nicht viel mehr als eine biologische Wucherung des Lebens auslösen oder verhindern. Allein das aber ist schon so viel mehr, als man jemals zu können hoffte oder fürchtete, daß es sicher unserem Jahrhundert seinen Namen geben wird.

Vor einigen Jahren wurden wir alle erschüttert durch die Vorgänge um die Herztransplantationen. Es war eigentlich weniger Jubel und Begeisterung als ein sehr deutliches Grauen, zumindest eine starke Beklommenheit, die dabei um sich griff. Möglicherweise hat dies vor allem zwei Gründe. Einmal ist das Herz in einer erbarmungslosen Weise entmythologisiert worden: es ist scheinbar wirklich nur eine Pumpe, die man austauschen und durch eine bessere ersetzen kann. Damit aber ist eine starke Unsicherheit aufgetreten darüber, was wir denn eigentlich sind: offensichtlich doch nicht nur dieser Körper, sondern mehr. Unser Körper erscheint uns nun fast wie ein Fahrzeug, in dem wir sitzen, und das wir wechseln können. Wie ein Reiter fühlen wir uns auf einem Pferd, das unter unserem Leibe weggeschossen und durch ein neues ersetzt werden kann; und entsetzliche Perspektiven tun sich auf, wenn die Utopie Wirklichkeit werden sollte, daß man auch Gehirne verpflanzen könnte. Wir wollen uns damit trösten, daß die dazu nötige nahtlose „Kuppelung" von 15 Milliarden Nervenleitungen eine Puzzlearbeit wäre, die während einer Operation nicht durchzuführen ist. Doch quantitative Hindernisse allein sind immer verdächtig; sie könnten eines Tages unwesentlich werden.
Es gibt aber noch einen anderen Grund für das tiefe Grauen an diesen Herzoperationen: die Betroffenheit vor der gottähnlichen Entscheidung über Leben und Tod, die der Arzt hier übernehmen muß. In dieser merkwürdigen Zauberwerkstatt der modernen Chirurgie werden zwei todkranke Menschen in ein Krankenhaus gebracht, und bestenfalls einer kommt mit einer neuen Lebenschance wieder heraus. Was das Leben, was der Tod eigentlich ist, all das glaubte man schon so sicher zu wissen, und all das stellt sich nun erneut in Frage. Wir selbst aber werden den Herztod sterben wie unsere Väter, denn kaum einer von uns wird ein Team von 30 Ärzten um sein Krankenbett versammeln können, um sich das Herz eines rechtzeitig verunglückten Mitmenschen einpflanzen zu lassen. Wir werden unsere persönlichen Probleme nicht durch solche Transplantationen lösen können. Vielleicht aber wird man in wenigen Jahren schon über sol-

che Sorgen unserer Zeit lächeln, weil die Technik inzwischen Kunstherzen entwickelt hat, die uns viel besser dienen können, als das bereits gebrauchte Herz eines eben verstorbenen Mitmenschen. Unsere Lebensdauer — das hat die moderne Medizin immer wieder gezeigt — wird sich nicht mehr entscheidend verändern lassen. Kein Mensch wird mit einem fremden Herzen länger leben, als er es im bestem Falle mit seinem eigenen gekonnt hätte. Keiner von uns kann hoffen, daß sich eines Tages die Frage nach der Unsterblichkeit und dem ewigen Leben dadurch erledigt, daß wir beides schon auf dieser Erde haben könnten. Im Gegenteil, wir sind recht betroffen angesichts der Feststellung, daß der Jahwist der Genesis mit den 120 Jahren, die er dem Menschen zugemessen hat, bereits zu weit gegangen ist. Die Computer haben errechnet, daß heute einer unter uns mit statistisch gesicherter Wahrscheinlichkeit 114 Jahre alt wird, immerhin einer unter 4 Milliarden. Im übrigen weiß die Medizin, daß das Leben mit seinen sieben, acht, neun Jahrzehnten, die auch die Bibel schon kennt, tatsächlich ausgelegt ist. Unser Körper ist vom ersten Herzschlag, vom ersten Atemzug, ja von der ersten Zellteilung an auf einen Verschleiß angelegt, der sich im Falle der Gesundheit ausdehnen läßt auf einen Zeitraum von 80 bis 90 Jahren und nicht viel länger. Der Tod ist nicht zu vermeiden, er ist allenfalls aufschiebbar. Doch wer kann wissen, ob Mister Bedford, der sich vor wenigen Jahren bei minus 79 Grad einfrieren ließ, noch einmal erwachen wird? Wenn er wirklich erwachen sollte, dann steht fest, daß er in der Zwischenzeit nicht gelebt hat, sondern daß die Zeit für ihn stillstand. Der Tod bleibt unvermeidbar der Preis, den unser Leben kostet. Von dieser Seite her haben wir auch im Jahrhundert der Biologie keine Sensationen zu erhoffen oder zu befürchten, es sei denn die eine Hoffnung, daß die Medizin, wenn sie wirklich durchbricht zu neuen, höheren Graden der Beherrschung der Materie, jedem von uns eines Tages den vollen Genuß seiner Lebensspanne ohne Krankheit schenken wird.

Es gibt aber andere Manipulationen, die am Horizont aufdämmern und die uns alle viel stärker betreffen. Das sind die der Behandlung *fremden* Lebens. Nicht die eigene, aber die Existenz anderer können wir beeinflussen, sogar in der höchsten Form, indem wir sie überhaupt erst zum Leben bringen oder aber am Leben hindern. Wir kommen damit auf die Geburtenkontrolle zu sprechen, auf ein Thema, das so viel diskutiert wurde, daß es schon fast rückständig klingt.

Ob wir es wollen oder nicht, ob es unserer eigenen Bewältigung der Probleme entspricht oder nicht: wir müssen uns darüber klarsein, daß die quantitative Geburtenbeschränkung — z. B. durch Anti-Baby-Pillen, wie sie von vielen Frauen regelmäßig eingenommen werden — in wenigen Jahren überall auf der Welt zum selbstverständlichen pharmazeutischen Bestand der Medizin und der persönlichen Lebensführung des einzelnen gehören könnten. Sehr bald wird es eine Generation geben (vielleicht ist es schon die, die wir heute an der Schule ausbilden), die es schlechthin als „natürlich" ansieht, diese Mittel zu gebrauchen. (So wie wir es heute bereits als natürlich ansehen — jedenfalls nicht als problematisch —, alle Mittel zu benutzen, welche die Medizin uns zu unserem Wohlergehen anbietet.)

Diese Art der Geburtenkontrolle und auch die der medizinisch verbesserten Methoden, bei denen die schädlichen Spätfolgen der Hormonpillen vermieden werden, wäre freilich nur ihre allerprimitivste und, wie man später sagen wird, selbstverständlichste Form. Sie ist einfach ein Ausdruck der menschlichen Würde einer kultivierten Kreatürlichkeit, bei welcher der einzelne nicht nur schlechthin „creaturus" ist (der ständig gebären wird), sondern zuletzt auch die schöpferische Fähigkeit als Freiheit in die eigene Hand nimmt. Was aber darauf folgt und sich bereits deutlich als nächste, konsequente Stufe dieser neuen Dimension unserer Freiheit erkennen läßt, ist die *qualitative* Geburtenkontrolle, die Entscheidung über mehr als die Anzahl der Kinder einer Familie, nämlich darüber, *was* für Kinder es sein sollen. Wieder steht ein ganz primitiver Schritt am Anfang; man wird gewiß schon in wenigen Jahrzehnten das Geschlecht seiner Nachkommen mit verhältnismäßig diskreten und eleganten Methoden bestimmen können. Der ganze Ernst und die volle Problematik entstehen dann mit den folgenden Schritten, die von der homologen zur heterologen Insemination führen. Dies ist kein fernliegendes Gebiet menschlicher Möglichkeiten, vor dem wir einfach die Augen verschließen können in dem Gefühl, es seien Utopien, die uns hoffentlich für alle Zeiten erspart bleiben. Es sind keine Utopien. Die künstliche Befruchtung wird längst praktiziert. „Künstlich" ist dabei nicht der Mensch, der entsteht — kein „Homunculus" wird in der Retorte zusammengebraut —, sondern nur die Art der Übertragung der Keimzellen. Der Arzt ist eingeschaltet, wie so oft, wo es ohne seine Hilfe nicht geht. Hunderttausende von erfolgreichen künstlichen Befruchtungen zählt man allein in den Vereinigten Staaten. Damit sind nicht nur künstliche Übertragungen von Samen des Ehemanns in den Organismus der Ehefrau gemeint, sondern auch (in Zahlen, die man begreiflicherweise nicht genau erfassen kann, die aber sicher in die Zehntausende gehen) *heterologe* Inseminationen, d. h. Übertragungen von nicht ehepartnerlichem Samen, also Handlungen, die juristisch den Tatbestand des Ehebruchs darstellen. Sie geschehen wohl in kaum einem Falle in ehebrecherischer Absicht, sondern ganz sicher — zumindest in sehr vielen Fällen — in bewußter moralischer Verantwortung, vereinzelt aber auch in einer verkrüppelten, mehr in Richtung auf Mode gehenden Pseudomoral. Es gibt, vor allem in Amerika und Israel, Tausende von Fällen, in denen solche Spenderväter aufgetreten sind. Der Anlaß ist meistens, daß der eigene Ehepartner aus irgendeinem Grund nicht in der Lage oder nicht willens ist, sein offenbar gestörtes und gefährdetes Erbgut auf sein Kind zu übertragen, sondern „in verantwortungsbewußter Elternschaft" sagt: „Wenn es auch sonst üblich ist, seinem Kind das Beste mit auf den Lebensweg zu geben, dann muß dies auch für seine somatische

Grundausstattung gelten; was ich zu bieten habe, ist nicht das Beste, ich habe einige mir bekannte Erbschäden. Nun weiß ich aber eine Möglichkeit, meinem Kind erblich einwandfreie Chromosomen zu verschaffen und tue das mit Hilfe des Arztes." Allerdings taucht dann die Frage auf, woher die Berechtigung zu dem Ausdruck *mein* Kind in solchem Falle kommen soll. Bei uns kehrt nach einer kurzen Periode übermäßig biologistisch geprägten Rassenbewußtseins heute die Erkenntnis ein, daß neben der biologischen die *soziale* Elternschaft von entscheidender Wichtigkeit für die Entwicklung der Nachkommen ist, ja, daß eigentlich sie die formende Bedeutung für die Entfaltung des kindlichen Charakters hat.

Es gibt also durchaus positive, moralisch erhebliche Motive solcher Vorhaben, obwohl für die bürgerliche und christliche Eheauffassung, wie sie bisher besteht, hier ein klarer Verstoß gegen die Ordnung vorliegt. Man versucht, die moralische Relevanz dieser Eingriffe auf manche Weise zu verschleiern, z. B. dadurch, daß nur Mischsperma benutzt wird. Das bedeutet: der tatsächliche Vater eines solchen Kindes ist gar nicht zu ermitteln, denn der Arzt verwendet ein Spermiengemisch von mindestens zehn Spendern, deren Akten vernichtet werden, so daß die Suche nach dem Erzeuger sich nicht nur verbietet wie beim alten Code Napoléon, sondern unmöglich ist. Es gibt sozusagen gar keinen Vater. Im übrigen benutzt man zum Teil (auch das ist, peinlich zu sagen, nur ein Rückgriff auf bewährte Methoden in der Rinderzucht) Samen von nicht mehr lebenden Spendern. Viele amerikanische Rinder stammen von künstlichen Befruchtungen ihrer Mütter, wobei Keimzellen von einigen Pracht- und Musterbullen benutzt wurden, die man mit Computern nach ihren Merkmalen ausgewählt hat und von denen einige längst tot sind. (Das Sperma hält sich jahrelang im Tiefkühlschrank.) Auch das tiefgekühlte Sperma vom Menschen ist ohne Schädigung haltbar; es kann also ein Mann, der gar nicht mehr lebt, Vater eines Kindes werden, oder deutlicher: man kann mit seinen Keimzellen einem Kind das Leben geben. Beachten wir aber, wie leichtfertig es ist, ein pauschales moralisches Urteil zu fällen, ein apodiktisches Patenturteil: so etwas tut man nicht, so etwas geht nicht! Es hat im letzten Weltkrieg — also vor mehr als einem Vierteljahrhundert — bei der amerikanischen Armee eine Aktion gegeben, mit deren Hilfe die Ehefrauen in der Heimat von ihrem Mann, der in Europa an der Front stand, ein Kind empfangen konnten. Viele dieser Männer sind gefallen, bevor das Kind geboren wurde, manche schon, bevor ihre Keimzellen per Luftpost zu Haus eintrafen. Heute wird es einige, sicher zwei- bis dreitausend junge Menschen in den USA geben, die einem solchen biotechnischen Eingriff ihr Leben verdanken. Können wir sie als das Ergebnis eines Verstoßes gegen die Schöpfungsordnung aburteilen oder sollen wir sie als den Triumph menschlicher Kunst feiern? Dabei müssen wir wohl überlegen, ob hier eigentlich die Liebe zum Mann, zum zukünftigen Kind oder zu sich selbst das leitende Motiv war, unter dem eine Frau in eine solche Aktion einwilligte.

Wir kommen zu einer logischen Aporie aller sittlichen Entscheidungen, wenn wir die Argumente beider Seiten hören. Jeder handelt in seinem System vollkommen folgerichtig. Niemand wird einem Christen dessen Meinung ausreden können, künstliche Empfängnis sei nicht in Gottes Heilsplan vorgesehen und „so etwas" tue er daher nicht. Aber wer von uns — und mit welcher Autorität — wollte andererseits einem Menschen ausreden, daß dieser Kunstgriff eine Möglichkeit sei, nach Gottes Auftrag fruchtbar zu sein, wenn die eigene Natur den Dienst versagt?

Um aber wirklich die ganze Fülle dessen, was auf uns zukommt, klarzumachen, und damit wir alle aufhören, die Augen zu verschließen vor dieser Zukunft, die schon begonnen hat, soll nicht nur das aufgezählt werden, was man schon kann, sondern auch das, was man vielleicht heute noch nicht im Griff hat, was aber schon morgen möglich sein wird.

Da gilt es alle die Möglichkeiten zu bedenken, die weit über das technisch simple Zusammenführen einer männlichen und einer weiblichen Keimzelle zur Erzeugung neuen Lebens hinausgehen. Mit großem Stolz haben die Zoologen schon vor vielen Jahren im Laboratorium einen Frosch erzeugt, der keine Mutter, sondern nur einen Vater als Vorfahren hat. Um es im Detail zu sagen: man hat ein kernloses Ei eines Froschweibchens, also ein Klümpchen Protoplasma, vom Spermium des zukünftigen Vaters befruchten lassen. Das Spermium hat aber gar nicht richtig „befruchtet", sondern sich nur mit dem Plasmaklümpchen ohne Chromosomen vereinigt, dann begonnen, sich zu teilen, und so ist ein kompletter neuer Frosch entstanden. Er hat keine Mutter, nur einen Vater.

Aber das sollte Männer nicht zu unberechtigtem Stolz auf ihr Geschlecht hinreißen. Schon längst kennt die Wissenschaft Lebewesen, die keinen Vater, sondern nur eine Mutter haben. Das geht bis hoch hinauf in die Säugetierreihe. Wir brauchen nämlich keineswegs auf die Würmer und niederen Krebse zurückzugreifen, wenn wir von Jungfernzeugung als biologischem Phänomen sprechen. Es gibt eine Truthahnrasse in Amerika, bei welcher der Hahn überflüssig ist, da sich auch unbefruchtete Eier zu normalen Küken entwickeln. Die gleiche Erscheinung ist von manchen Eidechsenarten bekannt, und der Erfinder der Anti-Baby-Pille, der Amerikaner Pinkus, hat sogar bei Kaninchen durch einige manipulatorische Tricks erreicht, daß sich einzelne Eizellen in ihnen ohne Befruchtung von selbst zu entwickeln begannen. Den Biologen würde daher selbst der Bericht von der jungfräulichen Geburt eines Menschen nicht besonders verblüffen, solange das Kind die Chromosomenkombination XX besäße, also ein Mädchen wäre. Es würde nur erneut bestätigen, was bereits zahllose medizinische und pharmakologische Experimente aufzeigten, nämlich die enge physiologische Verwandtschaft zwischen den biologischen Vorgängen in unserem und dem Körper der höheren Wirbeltiere.

Verfolgen wir die weiteren Möglichkeiten: Statt eine Samenzelle in das leere Plasma eines Frosch-Eies einzusetzen und so einen fertigen Frosch zu erzeugen, kann man auch zwei Samenzellen einbringen. Sie verschmelzen dann wie bei einem Befruchtungsvorgang, und es entsteht ein normaler Frosch. Stammten die beiden Spermien, aus denen er entstand, von verschiedenen Fröschen, so hätte er zwei Väter. Es ist auch umgekehrt möglich, im Tierversuch zwei weibliche Eikerne zur Verschmelzung ihrer Chromosomen und zur anschließenden Zellteilung zu bringen. Es entsteht dann ein Organismus, der zwei Mütter und gar keinen Vater hat.

Natürlich versuchte bisher niemand so etwas beim Menschen. Es gibt noch keinen Menschen, der nur zwei Mütter hätte und keinen Vater oder nur zwei Väter und keine Mutter. Aber im Prinzip ist dies alles mit Wirbeltieren, ja mit höheren Säugetieren möglich, und im Laboratorium ist der Anfang gemacht. Es ist daher nicht im geringsten einzusehen, warum es nicht biotechnisch möglich sein sollte, das gleiche eines Tages auch beim Menschen zu unternehmen.

Ob in Italien, in England oder in Rußland, eines Tages wird in einem medizinischen Laboratorium das erste Mal gelingen, was als Ergebnis der Biotechnik nach den bereits erfolgten ersten Schritten so wenig aufzuhalten ist, wie es die Mondlandung war, nachdem die erste Weltraumrakete gestartet wurde: der *Mensch aus der Retorte*, das außerhalb des mütterlichen Körpers erzeugte und zur Geburtsreife herangezüchtete Kind.

Damit aus dieser fast irrsinnigen und perversen Möglichkeit eine praktizierte Wirklichkeit wird, müßte allerdings ein Bedarf vorliegen nach solchen Retortenmenschen. Im Augenblick ist das Bedürfnis der Menschheit im wesentlichen darauf gerichtet, die Zahl der Nachkommen zu verkleinern. Wozu also noch welche in der Retorte zusätzlich züchten, müßte man fragen. Wir sollten uns aber — um wieder die positive Seite und damit zugleich die diabolische Verschlungenheit von Für und Wider klarzumachen — daran erinnern, wie leicht alle Contergan-Schäden an den heute lebenden mißgebildeten Kindern hätten vermieden werden können, wenn in einer pharmazeutischen Fabrik ein paar Embryonen in Retorten vorhanden gewesen wären. Hätte man an diesen die Nebenwirkungen des

Schlafmittels für Mütter ausprobieren können, dann wäre keiner Familie das Unglück eines Contergan-Kindes zugemutet worden. Was allerdings dann mit dem Contergan-Embryo in der Retorte geschehen wäre, ist eine andere Frage. Ob man ihn einfach vernichtet oder erst aufzieht und dann weiterbehandelt — das sind harte und schonungslose Fragen, die unausweichlich auf den zukommen, der diese Versuche unternimmt. Und wir können nur hoffen, daß er sich dann dieser Verantwortung bewußt sein wird.

Eines wird jedenfalls klar: Sexualität, Fortpflanzung und Liebe sind im Jahrhundert der Biologie aus ihrer obligatorischen Verbindung gelöst. Keines ist mehr unabwendbar mit dem anderen verschlungen. Eine Moral, die von dieser Dreieinheit ausging, verliert daher zwangsläufig für unsere Zeit ihre grundsätzliche Verbindlichkeit. Schon bei den alten Griechen gab es einmal die existentielle Trennung von Liebe und Fortpflanzung; schon im klassischen Rom fragte man sich: was hat denn Liebe mit Heiraten zu tun? Vielleicht wird man in unserer Gesellschaft schon in einigen Jahrzehnten fragen: was hat denn persönliche Sexualität mit der Fortpflanzung der Menschheit zu tun?

Wir wollen diesen Ansatz einmal konsequent und modern fortführen, wollen uns zumuten, auch letzte Gewißheiten zu hinterfragen und unbefangen und ganz biologistisch vorzugehen: wozu denn überhaupt das Risiko einer neuen Genkombination für einen neuen Menschen? Auch wenn der bestmögliche Samenspender zur Verfügung stünde, und seine Spermien in ausreichender Menge in Banken vorlägen (in späteren Jahrhunderten könnte man sogar auf geschichtliche Größen zurückgreifen), so bliebe doch das Risiko der Chromosomen-Mischung. Jeder von uns, der eine Familie hat, sieht zu seiner Verblüffung an der eigenen Kinderschar, wie wenig eigentlich das evident wird, was wir ständig unsere Schüler lehren, nämlich, daß die Vererbungsgesetze auf nichts als die Chromosomen zurückgehen und daß gleiche Chromosomen gleiches bewirken. Es müßten sich also Geschwister außerordentlich ähnlich sein, sind aber doch meist in einem erstaunlichen Maße unterschiedlich. Wenn man sie näher kennt, fragt man sich nur, was sie eigentlich *gemeinsam* haben, und fragt nicht, wo ihre Unterschiede liegen. Das Risiko einer Genkombination ist demnach erheblich groß. Hier spielt, um es einmal ganz materialistisch auszudrücken, noch so viel „Zufall" mit, daß wir den auch noch ausschließen müßten. Wir müssen uns daher bei der Fortpflanzung des Menschengeschlechts auf die Individuen stützen, in denen eine erfolgreiche Genkombination bereits gelungen ist. Wir haben solche Genkombinationen ja als lebende Mitmenschen vor uns und können sehen, was einer für ein Kerl ist. Da wird hier und da mal einer unter Tausenden oder Zehntausenden rechtschaffen gut und geglückt sein, „rechtwinklig an Leib und Seele", würde Nietzsche sagen (der überhaupt seine reine Freude an diesen Möglichkeiten gehabt hätte). Wenn wir so einen Menschen finden, der genau unserem „Zuchtziel" entspricht, dann gäbe es die Möglichkeit, ihn zu „selbsten". Dann könnten wir Stecklinge von ihm anlegen, um es einmal gärtnerisch auszudrücken.

Das ist kein Witz und nicht pure Utopie. Man hat längst aus Mohrrüben (also recht differenzierten Zellgebilden) durch sanftes Schaben der Haut einzelne Zellen gewonnen, die bereits ihre Endbestimmung, nämlich Haut zu sein, erreicht hatten. Man hat diese Zellen isoliert behandelt und sieht: die ganze unbändige Kraft, die in der Einzelzelle und in ihrer vollständigen Chromosomenausstattung liegt, wird noch einmal wieder aktiv, und die einzelne Hautzelle fängt an, einen kompletten Mohrrübenembryo zu bilden.

Aber nicht nur Pflanzen zeigen diese Entwicklungspotenz. Englische und russische Zoologen haben inzwischen auch bei Froschlarven einzelne Körperzellen entnommen und zu neuen kompletten Fröschen heranzüchten können. Ein Zellkern, der bereits zum Darmepithel gehörte, konnte im Milieu eines kernlosen Eiplasmas wieder in seine ganze bereits aufgegebene genetische „Omnipotenz" zurückversetzt werden, ein nachträglich hergestellter eineiiger Zwilling wuchs aus einer Zelle heraus. Es ist gewiß noch ein weiter Weg vom

Frosch zum Menschen, und man darf wohl erwarten, daß auch prinzipielle Barrieren auftreten, die eine Übertragung dieser Technik auf uns und unsere komplizierte Organisation nicht gestatten. Doch kennt die Biologie solche prinzipiellen Barrieren im Bereich der Physiologie nicht; wir müssen damit rechnen, daß es sie nicht gibt und daß es eines fernen Tages das ernsthafte Ziel einer hochentwickelten medizinischen Biotechnik sein könnte, von einem lebenden Menschen einen identischen Zwilling zu fabrizieren.

Wagen wir uns noch einen weiteren Schritt vor in eine unheimliche, aber biologisch nicht unmögliche Zukunft. Nicht die Ausgeburt einer Schriftstellerphantasie soll uns hier beschäftigen, sondern die Überlegung eines Nobelpreisträgers der Biochemie, dessen wissenschaftliche Tüchtigkeit und dessen Fachkenntnis unbestreitbar sind. Joshua Lederberg hatte bereits im berüchtigten Ciba-Kolloquium Aufsehen erregt durch die Unbekümmertheit und innere Konsequenz, mit der er, unbeirrt von irgendwelchen Moralvorstellungen, darüber meditierte, was man eigentlich könnte und was man eigentlich sollte. Aus ihm spricht die ganze leidenschaftslose, aber auch vollkommen moralfreie Stimme eines konsequenten Wissenschaftlers. (Es gibt ja die verbreitete Einstellung, man solle die Wissenschaft sich „nur so" entwickeln lassen, dann käme hier und da eine Atombombe, hier und da aber auch ein Nobelpreis heraus, oder sonst etwas Gutes.) Lederberg greift auf etwas zurück, was noch nicht erwähnt wurde, auf die *Mischzellenkultur*. Die Zoologen haben in ihren stillen Laboratorien nämlich ein abenteuerliches Kunststück fertiggebracht. Sie nahmen zwei befruchtete Mäuseeier, von denen jedes schon im Vierzellenstadium war, und mischten diese insgesamt acht Zellen miteinander. Danach zeigte sich wiederum die merkwürdige, ungeheuerliche und zutiefst wunderbare Fähigkeit des Organischen, auch unter unnatürlichen Umständen organisiert weiterzuwachsen. So entwickelten sich diese zwei Mäuseembryonen, die vorläufig jeder nur aus vier Zellen bestanden, nicht etwa zu zwei Mäusen weiter, sondern alle acht zusammen zu *einer* Maus. Was entstand, war also ein

Lebewesen mit zwei Vätern und zwei Müttern. Jede Mißgeburt, wie z. B. die siamesischen Zwillinge, ist im Grunde ein Beweis für die gleiche ungeheure Organisationskraft des Lebens; denn nicht, daß es ein wenig unnormal ist, was da geboren wird, ist das Erstaunliche, sondern daß sich unter dieser völlig unnatürlichen Situation die einzelnen Organe noch — so gut es geht — organisch zueinander eingestellt haben, ist das große Wunder. Und daher also kann man aus zwei Mäusen eine machen, zwei Väter und zwei Mütter zusammen in einem Kind vereinigen.

Damit beginnt eine unheimliche neue Kunst. Lederberg hat einen Namen dafür entworfen: die *Algenie*. Ein treffendes Wort, denn es hat den gleichen Ursprung wie Alchemie. Und die Alchemie hat ihren Ursprung in magischen Praktiken. Die Alchemisten wollten nicht etwas *wissen*, sie wollten etwas *machen*. Sie wollten Macht haben über sich und über andere. Die Algenie, also die alchemistische Genetik, will auch nicht nur wissen, wie etwas gemacht ist und wie es zusammenhängt, sondern sie will etwas machen. Sie will in einem neuen prometheischen Akt Menschen oder Lebewesen schaffen nach ihrem Bilde: paramenschliche Infanten.

Lederberg geht weiter: wenn wir die Mischzellenkultur als Möglichkeit haben, müssen wir experimentieren. Warum zwei Mäuserassen zusammengeben, warum nicht eine Maus und eine Ratte als junge Embryonen mischen? Die Eiweißverträglichkeit bei ganz jungen Formen ist gegeben, wir kennen außerdem bei Vögeln sogar Bastarde über Gattungen hinweg. Warum nicht ganz fremde Tierarten in diesem Stadium zusammenbringen, und warum nicht auch einen Menschen mit einem Gorillakeim durchmischen? Geht es mit den Mischzellen nicht, dann könnte es in einem noch früheren Stadium der Keimentwicklung mit dem Mischen von Chromosomen gelingen. Warum also sollte man nicht aus dem Chromosomensatz des Menschen eines herausnehmen und dafür ein Gorilla-Chromosom einfügen? Es wäre keine große technische Schwierigkeit, längst nicht so erheblich wie die, ein einzelnes Gen auszuwechseln, was manche

Utopisten erhoffen. Also, um einen Ausspruch von Lederberg wört-
lich zu zitieren: „Wir werden gewiß bald von Versuchen über den Ef-
fekt der Dosis des menschlichen Chromosoms Nr. 21 auf das Gehirn
der Maus oder des Gorillas hören." Die Algenie fängt an! Der Mensch
wird die Chromosomen verschiedener Tierarten nehmen und versuchen, sie zusammenzukomponieren. „Mal sehen, was dabei her-
auskommt", ist dabei die ewig gleiche und nicht sehr gescheite Frage
und Motivation solcher Experimente. Lederberg hat denn auch
davon gesprochen, daß man diese Mischwesen gewiß sehr gut brauchen könnte als Haushaltssklaven: „Aber wie bestimmen wir für
den Menschen, was ihn einerseits von seinen isolierten und ver-
mischten Geweben und andererseits von experimentellen Hybriden
absetzt? Praktisch gesehen werden die gesetzlichen Privilegien der
Menschheit auch für die Objekte bestehen bleiben müssen, die dem
Menschen genügend ähnlich sehen, um sein Gewissen zu fesseln, und
deren Unterhalt nicht zu viel kostet."

Das war der Gipfel dessen, was hier als Schreckenskabinett vorge-
führt werden sollte: eine unbeirrbar pragmatische, wenig verant-
wortungsvolle und — wie uns scheint — geradezu zynische Einstellung gegenüber den Möglichkeiten. Es war wichtig und nützlich
für uns, diese Möglichkeiten kennenzulernen, damit wir sie vermeiden können. Wo das „Experiment Menschheit" zur Selbstabschaffung des Menschen wird, führt sich diese Wissenschaft selbst ad
absurdum und nimmt in ihrer Maßlosigkeit die Züge des Irrsinns an.
In dieser Einsicht mag der einzige Wert solcher Utopien liegen.

Wollen wir deshalb sagen, daß Wissenschaft schlecht sei? Sollen wir
wünschen: Wissenschaft muß aufhören, darf nicht mehr betrieben
werden? Der einzelne kann das für sich sagen. Er kann aufhören wie
Tartaglia, der alte venezianische Schießmeister, der die Wissenschaft
der Ballistik begründet hatte und anschließend seine Papiere ver-
brannte in der Meinung, es sei zum Schaden der Christen, wenn sie
durch seine Kunst besser schießen könnten. Nun, das hat nicht viel
genutzt: Tartaglia selbst hat später seine Geheimnisse verraten, als

die Muselmanen Venedig belagerten, weil er der Christenheit gegen den Islam helfen zu müssen glaubte.

Wissenschaft ist nicht im Keim zu ersticken. Aber es ist dringend notwendig, daß jeder von uns sich darüber klarwird, was Wissenschaft eigentlich ist, was diese Tatsachen, die sie schafft, eigentlich sind. Wir können es mit einem der großen deutschen Philosophen unseres Jahrhundert, mit Wittgenstein, so ausdrücken: „Die Tatsachen gehören alle zur Aufgabe und nicht zur Lösung." Was aber ist die Lösung?

In einer Welt, die alte, vertraute und überlieferte Grenzen und Richtmarken im Siegeszug einer neuen Technik und einer fast grenzenlosen Wissenschaft niederbrechen sieht und in der bewährte Qualitäten sich zu einem Kontinuum von Quantitäten auflösen, ist Moral im Sinne eines Wohlverhaltens innerhalb traditioneller Ordnungen unmöglich geworden. Wir brauchen aber ein Ordnungsgefüge, um überhaupt in Frieden leben zu können, denn Frieden, so sagte Thomas von Aquin, ist Ruhen in der Ordnung, und dies gilt für den äußeren Frieden sowohl wie für den inneren: beide sind ohne Ordnung nicht möglich. Können wir aber, wenn die Ordnung, die vorgegeben war, offenbar nicht mehr ausreicht, uns selbst eine bessere schaffen? Das eigene Setzen einer Moral und das Verlassen der alten vorgegebenen Ordnungen wurde im Bild des Jahwisten als das Essen der Frucht vom Baum der Erkenntnis verstanden und galt als die Ursünde. Wissenschaftler müssen heute viel Verständnis haben für solche Botschaft, denn sie sind in eine Dimension aufgebrochen, wo sie ihr in ihrem eigenen Fach begegnen. Es wird für sie ein wesentlicher Akzent selbstkritischer Besinnung werden, sich der Gefahr selbstherrlicher Grenzüberschreitungen bewußt zu sein. In dieser Gefahr aber befindet sich heute jeder Naturforscher und Techniker, der unbekümmert und unreflektiert ausprobiert, was ihm möglich ist. Ihn kann, wie jeden von uns, von dieser „Sünde" nur die Verpflichtung auf das Postulat des Liebesgebotes befreien. Die Frage, ob im Hinblick auf unsere Mitmenschen — und vor allem auf die nach uns kommenden Generationen — biotechnische „Fortschritte" zu verantworten und welche Experimente für einen solchen Fortschritt erlaubt sind, kann nicht von der Gesellschaft, von Institutionen, von anderen beantwortet werden, sondern fordert jeden einzelnen selbst. Eine vernünftige und sittliche Norm kann dabei nur die Liebe sein, wobei echte Entscheidungen aus Liebe meist an der Kraft zum Verzicht erkennbar werden.

Wenn wir als Wissenschaftler mit Vorgängen, in denen „Jenseitiges durchschimmert ins Diesseits" leben, dann haben wir auch ein ruhiges, abgeklärtes und mündiges neues Verhältnis zur Aussage der Genesis. So wird von uns das „scientes bonum et malum" als der urmenschliche Akt verstanden, der das Risiko der Sünde birgt und aus der Gottesebenbildlichkeit des paradiesischen Menschen die „geraubte Gottesgleichheit" (Bonhoeffer) macht. Aus unschuldiger Blöße wird im Bild der Genesis die Nacktheit, deren man sich schämt und die man durch Kleidung verdeckt. In diesem Sinne erkennen wir im Jahrhundert der Biologie, daß wir moralisch nackt sind, nicht länger unschuldig geborgen in einer vorgegebenen Ordnung, sondern verurteilt zur Freiheit, selbst entscheiden zu müssen, was wir dürfen.

Dem Atheisten bleibt angesichts solcher Notwendigkeit die tiefe Skepsis oder die Tapferkeit eines Muts zur Sinngebung des Sinnlosen, wenn er nicht in eine Ideologie oder Pseudoreligion flüchtet. Der Gläubige wird sich hier zentral an den Kern seiner Religion wenden. Hilft aber dem Christen sein Evangelium in der Not freier Entscheidung? Es würde ihn nie zur vollen Mündigkeit freigeben, wenn es ihm Verhaltensregeln konkreter Art lieferte, denn es ist ja gerade das Wesen der Unmündigkeit, sich stets auf äußere Gesetze stützen zu müssen, auf Vorschriften angewiesen zu sein. Wer das Evangelium über das allgemeine Liebesgebot hinaus nach Anweisungen für die reale Lebensführung im Einzelfall durchsucht, wird mit Enttäuschung feststellen müssen, daß dort keine Patentrezepte zu finden sind. Wer andererseits in seiner privaten oder offiziellen

Ideologie solche Patentrezepte für den Einzelfall bereithält, der wird das Ziel der mündigen und eigenständigen Entscheidung verfehlen. Wir alle, ob Gläubige oder Ungläubige, spüren im Blick auf die Zukunft das eine gemeinsam: wir müssen uns entscheiden, mündig und frei; das ist der Auftrag an uns selbst, woher auch immer er kommen mag. Die Vernunft des einzelnen kann zu solchem verantwortlichen Handeln ausreichen, wenn sie recht — nämlich im Blick auf den anderen — genutzt wird, wenn sie die Ordnung im Auge behält und den Mut findet zur Liebe, die mehr ist als die Ordnung. Der Christ wird sich dabei vom Nichtchristen, wenn beide wirklich mündig und seelisch gesund sind, nur noch dadurch unterscheiden, daß er in der Zuversicht lebt, am Ende einen gnädigen Richter zu finden, wenn er versagt und falsch entscheidet. Niemand aber, mag er sich nennen wie er will, wird verantwortlich handeln können, wenn er nicht eine Instanz anerkennt, vor der er sich zu verantworten bereit ist und vor der er sein Versagen als Schuld erlebt, sich schämt und auf Vergebung hofft.

Das paradiesische Urpaar der Genesis schämte sich seiner Nacktheit, und es fühlte solche Scham wohlgemerkt nicht voreinander, sondern vor seinem Gott Jahwe. Die wissenschaftliche Enthüllung und Freigabe des Mysteriums unserer Fortpflanzung, die Entschleierung unserer menschlichen Kreatürlichkeit, die Ummünzung unserer Bedürfnisse in unsere zivilisatorischen Rechte in Filmen und Illustrierten wird aber von vielen heute nicht mehr mit Scham empfunden, sondern als ein Fortschritt der Aufklärung verstanden und mit Behagen wie eine Befreiung von unangebrachtem Schuldgefühl gefeiert. Es muß uns klarsein, was der Leser solcher Illustrierten eigentlich will, wenn er Wissenschaft einschlürft als das moderne Opium fürs Volk: er will nicht Wahrheit, er will nicht einmal Aufklärung, sondern er will seine moralische Entlastung. Wissenschaft wird dabei als Heilserwartung genossen. Und darum ist es die Aufgabe der Wissenschaftler, solchem Mißverständnis entgegenzutreten. Gerade weil wir die Wissenschaft lieben, können wir nicht hinnehmen, daß ihr edler Stoff zum Goldenen Kalb wird, um das die Masse in einem unguten Reigen tanzt.

Müssen wir wieder vom Baum der Erkenntnis essen, um in den Stand der Unschuld zurückzufallen? Das hat Kleist gefragt. Es steht fest: wenn wir unserer Zeit gerecht werden wollen, müssen wir mündig werden. Die Wissenschaft kann dabei dem einzelnen in der letzten Entscheidung nur wenig helfen. Will sie den Affen in uns beweisen, so bleibt ein irrationaler Rest, der uns als das eigentlich Menschliche erscheint. Wollte sie — was sie früher einmal für ihre Aufgabe hielt — unsere Gottesebenbildlichkeit beweisen, so stolpert sie über das Tier in uns, das nur ein Blinder übersehen könnte. Wir, die Menschen, sind nicht zu beweisen, so wenig wie Gott zu beweisen ist, dessen Ebenbild zu sein uns verheißen ist; aber die Wissenschaft kann uns auch nicht aus dem Felde schlagen, kann uns nicht leugnen, kann nicht unser Gefühl überwinden, daß wir als Menschen in unserer „geliehenen Würde" eben doch etwas ganz anderes sind als das Tier.

Wie wir mehr sein können als „nackte Affen", dafür gibt es Lebensvorschriften, die sich nicht so sehr geändert haben seit alter Zeit, wie überhaupt die großen Grundprobleme sich trotz des neuen Horizontes unserer Zeit nicht gewandelt haben. Daß Askese, Disziplin und Selbstbescheidung wesentliche Schritte sind zum Aufbau dieser eigenen mündigen Persönlichkeit, darüber sind sich alle Menschen stets klargewesen. Wissenschaftliche und technische Askese, biologischer Handlungsverzicht, Produktions- und Konsumenthaltung sind die moralischen Anstrengungen, die der einzelne zu erbringen haben wird, wenn eine Ordnung erhalten bleiben soll, in der die Menschheit ruhen kann, und wenn die Liebe herrschen soll, in der Ordnung ruht.

Diese Wahrheit hat nicht so sehr mit Wissen und Erkennen zu tun, als vielmehr mit Handeln und Ertragen. Daher ist sie der Liebe näher verwandt als dem Wissen. Wahrheit und Liebe sind ja in jenem fernen Punkte Omega des Teilhard de Chardin identisch.

Auf dem Weg dahin muß uns wohl das Johanneswort helfen: „Nur wer die Wahrheit tut, kommt an das Licht." Dieses „Tun" aber ist die existentielle Entscheidung.

Die logische Aporie, die Ausweglosigkeit des Entscheidungszwanges in einem Raum scheinbar unbegrenzter Entscheidungsfreiheit, wie ihn das Finden einer moralischen Ordnung für unser Leben erfordert, übersteigt die Grenzen unseres eigenen Vermögens. So kann die Sicherheit, die wir brauchen, um von solcher Freiheit nicht gelähmt zu sein, nur geschenkt werden. Das metaphysische Bedürfnis der Menschheit, ihr stetiges Hoffen auf das Heil, wendet sich daher von der profanisierten Wissenschaftswelt notwendigerweise in dem Maße ab, wie das Ringen nach intellektueller Freiheit umschlägt in die Sehnsucht nach Geborgenheit. Zugleich verlangt die auf die Unmündigkeit folgende Reife des Menschen weniger nach der wissenschaftlichen Beschreibung, warum Leben möglich ist, als vielmehr nach der existentiellen Bestätigung eines Zieles, für das zu leben es sich lohnt.

Dafür aber brauchen wir alle unseren Kopf und unser Herz. Die Kräfte des Verstandes, die Wissenschaften, entwerfen die atemberaubenden Möglichkeiten der technischen und biologischen Zukunft des Menschen. Aber allein die Kraft des Herzens kann uns durch die Gefahren und Hoffnungen der Wissenschaft heil in eine menschenwürdige Zukunft tragen.

Joachim Illies
im Verlag Weißes Kreuz GmbH

DER BEDRÄNGTE MENSCH
Normen und Werte
Christliche Bilanz eines Biologen

Der Mensch steht im Spannungsfeld leiblicher und seelischer Bedrohung. Er durchlebt den Umbruch der Zeit und die Umwertung aller Werte. Im Strudel des Fortschritts wird er verfremdet. Kann er innerhalb seiner Grundrechte und seiner menschlichen Würde zu Normen und Werten finden, die schöpfungsgemäß und gottgewollt sind?

AUF DEM WEGE
Briefe an Thomas – Probleme des Jugendalters

Es sind vielschichtige Konflikte, die der heranreifende junge Mann zu bewältigen hat. In dieser Schrift kommen „heiße Eisen" dieser Lebensphase offen zur Sprache und werden einfühlsam und verständnisvoll erörtert. Die körperliche Entwicklung, wie auch partnerschaftliche Intimfragen werden verantwortungsbewußt behandelt.

NOAH – UND DIE NEUE SINTFLUT
Ein Bilderbuch für Kinder und Erwachsene
Mit Versen von Joachim Illies und Zeichnungen von Lisl Stich

Zeitnah und aufrüttelnd, ein empfehlenswertes Buch für Jungen und Mädchen, Eltern und Großeltern. Die Psychagogin Christa Meves schreibt in einem Begleittext: „Dies ist ein sehr sinnreiches, notwendiges und wertvolles Buch. Lest es mit Verstand. Denn es will eine ganz dringliche, wichtige Tatsache, die uns alle angeht, in unser Bewußtsein bringen. Die Begebenheit mit der Sintflut hat nicht nur etwas mit der alten Zeit zu tun, sondern gilt in bestimmter Weise für uns immer noch."

ÜBRIGENS – GOTT IST NOCH DA
Anmerkungen eines Naturwissenschaftlers zum Zeitgeschehen

Dieses Taschenbuch des bekannten Autors bringt Kurzbeiträge zu aktuellen Problemen der Gegenwart. Mit spitzer Feder, jedoch mit Sachkenntnis greift er gesellschaftspolitische und naturwissenschaftliche Fragen auf und erkennt, daß auch hinter den kleinen Dingen des Lebens Gottes große Hand verborgen ist. Illustriert wurde der Band mit treffenden Strichzeichnungen der bekannten Künstlerin Lisl Stich-Nitsch.

Verlag Weißes Kreuz   D-3500 Kassel   CH-5724 Dürrenäsch

Christa Meves **BEDROHTE JUGEND –**
GEFÄHRDETE ZUKUNFT
Anmerkungen eines engagierten Christen

Mit Recht haben viele junge Menschen heute Angst. Sie fühlen sich bedroht von einem Sog der Verführung, der sie auf einen falschen Weg zu locken sucht. Sehr notwendig wurde daher das vorliegende Buch, das u.a. folgende Themen behandelt: Der bedrohte Mensch – Die Situation des Kindes in der Bundesrepublik – Selbstbefreiung auf Kosten der Kinder – Wehrgerechtigkeit – Die neue Schule – Ausgeburt der Gleichheitsideologie – Sexuelle Freiheit und neue Moral – Ist die kirchliche Trauung nicht mehr zeitgemäß? – Homosexuelle als Vorbild.

Christa Meves/ **ANIMA – Verletzte Mädchenseele**
Jutta Schmidt *Die Frau zwischen Verfremdung und Entfaltung*

Unser Buch will ein Schrei sein, ein bewußtmachender Schrei, ein aggressiver Schrei, ein mit der Hand an der eigenen Kehle gefühlter Schrei – der gequälte Schrei der Seele junger Frauen. Wo findet das Mädchen in unserer Zeit seinen Platz, seine Eigentlichkeit, seinen Weg? Darf es überhaupt noch sein? Es ist doch etwas Eigenständiges, etwas Besonderes, etwas Geheimnisvolles – das Mädchen an sich. Die Maler aller Zeiten haben das gewußt. Das Sein der Seele unserer Mädchen heute ist ein gequältes Sein, gefährdetes Sein. Unsere Worte und Zeichnungen wollen den Schrei verdichten – Animas Schrei.

Gerhard Naujokat **LIEBE – EHE – ELTERNSCHAFT**
Leitlinien für Geschlechtererziehung, Jugendprobleme und Ehefragen

Verantwortliche Maßstäbe, voreheliche Verfrühung, Erziehung zur Ehe, Fragen der Elternschaft, vorgeburtliches Seelenleben, Mann und Frau in wesensgemäßer Zuordnung, charakterliche Reifung, Bedürfnisspannung junger Menschen, Zärtlichkeiten, Petting und erste sexuelle Hingabe, Abspaltung der Lust, Disziplinierung und Geborgenheit, gegen modische Normen, christliche Ethik.

Richard Lachner **AN DER LETZTEN TÜRE**
Leben auf Abruf

„Blühendes Leben" und „kraftvolle Gesundheit" sind Wunschtraum und Sehnsucht des Menschen. Nie sind Leben und Lebenskraft belanglos; immer bemerkenswert, einzigartig, unersetzlich. Und doch führen wir ein Dasein „auf Abruf". Die „letzte Türe" ist die letzte Wirklichkeit und muß einmal durchschritten werden. Wer Leben empfängt, erhält Hoffnung auf Zukunft. Zukunft aber geht über den Tod hinaus. Seele und Unsterblichkeit erscheinen der heutigen Gesellschaft als Fragwürdigkeiten, sind aber geistliche Realität für den Glaubenden.

Verlag Weißes Kreuz   D-3500 Kassel   CH-5724 Dürrenäsch